Wasserspezi ...

Handbuch für den Rettungsschwimmer

Wasserspezi ...

Handbuch für den Rettungsschwimmer

1. Auflage

Autorin:
Cilly Altgassen

Herausgeber:
Bayerisches Rotes Kreuz - Präsidium
Körperschaft des öffentlichen Rechts
Referat Wasserwacht
Holbeinstraße 11 - 81 679 München

Verlagsadresse:
Hofmann-Verlag GmbH
Zugspitzstrasse 183
86165 Augsburg
Telefon 08 21 / 27 28 920
Fax 08 21 / 27 28 930

ISBN 3-922865-66-6

Autorin:
Altgassen Cilly

Umschlag und Illustrationen:
Ursula Wolf, Grafik & Design
Hürlimann-Karikaturen zu den Baderegeln
Zeichnungen und Skizzen:
Cilly Altgassen, Eddie Calvente, Rochus Münzel

Herstellung: Hofmann-Druck GmbH, Augsburg

HERZLICH WILLKOMMEN
zum Lehrgang
für jugendliche Rettungsschwimmer!

Was du noch nicht kannst oder weißt,
lernst du in den nächsten Wochen.

Wir helfen gern, die Hürden auf dem Weg zur Prüfung zu überwinden, damit du stolz das Deutsche Rettungsschwimmabzeichen tragen darfst!

VORAB: **lesen**
und
ehrlich beantworten

Ich	**kann**	**gut**	**nicht so gut**	**noch nicht**
01	im Wasser ausatmen			
02	unter Wasser die Augen öffnen			
03	100 m Brustschwimmen, ohne außer Puste zu geraten			
04	in Rückenlage gleiten			
05	in Rückenlage schwimmen (Schwunggrätsche)			
06	Wassertreten (aufrecht)			
07	fußwärts ins Wasser springen			
08	kopfwärts ins Wasser springen			
09	10 m Streckentauchen			
10	2 m Tieftauchen			
11	25 m Kraulschwimmen			

Wenn ich die
Punkte: 01, 02, 03, 04, 08 mit gut,

Punkte: 05, 07, 10, (11) mit nicht so gut

Punkte: 06, 09, 11 mit noch nicht

angekreuzt habe und wenn
- Nase und Ohren
- Lungen
- Herz und Kreislauf in Ordnung sind,

dann bin ich bei der

WASSERWACHT
an der richtigen Adresse!

Vorwort

“Munter wie der Fisch im Wasser” wollen wir uns beim Schwimmen fühlen - und auch genauso sicher. Aber wie leicht geschieht im sommerlichen Badetrubel ein Unfall! Um das zu vermeiden, müssen wir uns über die Gefahren beim Baden und Schwimmen informieren, und wir müssen lernen, mit diesen Gefahren umzugehen. Wenn trotz aller Vorsicht ein Mensch in Gefahr geraten ist, wollen wir helfen. So schnell und so gut wie möglich.

Der “Wasserspezi ...”, das Handbuch für Anfänger im Rettungsschwimmen, ist ein wichtiges Nachschlagewerk für alle, die im Notfall helfen können und wollen. Die von Cilly Altgassen dankenswerter Weise neu bearbeitete Ausgabe wird den hohen Anforderungen gerecht, denen Rettungsschwimmer heutzutage genügen müssen. Möge die Neuauflage des “Wasserspezi ...” ein genauso unverzichtbarer Ratgeber sein wie die bisherige Ausgabe.

Der Wasserwacht des Bayerischen Roten Kreuzes ist die Ausbildung von Schwimmern und Rettungsschwimmern seit über 100 Jahren ein besonderes Anliegen. Von den ersten Zügen im Wasser bis hin zu ausgereifter Schlepptechnik vermitteln die Kameradinnen und Kameraden der Wasserwacht dem Lernenden das Rüstzeug für einen sorglosen Aufenthalt am und im Wasser. Gerade auf die Unfallverhütung wird viel Wert gelegt, damit sich jeder “wie ein Fisch im Wasser fühlen kann”. Der “Wasserspezi ...” ist auch in diesem Punkt ein zuverlässiger Begleiter.

Allen Rettungsschwimmerinnen und Rettungsschwimmern und allen Buben und Mädchen, die das Schwimmen und Retten nun lernen, wünsche ich viel Spaß im Wasser und viel Freude und Erfolg beim Helfen.

Monika Hohlmeier

Monika Hohlmeier, MdL
Staatssekretärin im Bayerischen Staatsministerium
für Unterricht, Kultus, Wissenschaft und Kunst

Zum Geleit

Liebe Mädchen und Jungen,

warum heißt dieses Buch "Wasserspezi ..."?
Warum ist es größer und umfangreicher als die bisherige Fibel "Schwimmen und Retten mit der Wasserwacht"?

W a s s e r s p e z i - wer oder was ist das?

S p e z i steht als Abkürzung für Spezialist.
Ein Spezialist kennt sich in seinem Fachgebiet aus.

S p e z i heißt in Bayern auch

- Freund
- Kamerad
- Kumpel.

Das ist jemand, den man fragen kann, wenn man Probleme hat oder etwas wissen will.

Und zu fragen gab und gibt es in der Ausbildung zum Rettungsschwimmer eine ganze Menge - viel mehr, als in der bisherigen Fibel nachzulesen war.
Die Ausbilderinnen und Ausbilder wurden - und werden - mit Fragen "gelöchert", die uns "alte Wasserratten" daran erinnern, wie schwer es ist, sich mit dem Wasser auseinanderzusetzen und es als Freund zu gewinnen.

Ein herzliches DANKE allen, die mir Mut machten, die Idee zu verwirklichen.

München/Bamberg im September 1997

Cilly Altgassen

INHALT

Trainingskarte für ....

Datum	Zeit-sprint 25 m	50 m	200 m	50 m Schieben	50 m Schleppen	Strecken-tauchen m
	Br					
	Kr					
	Rü					
	Br					
	Kr					
	Rü					
	Br					
	Kr					
	Rü					
	Br					
	Kr					
	Rü					
	Br					
	Kr					
	Rü					
	Br					
	Kr					
	Rü					
	Br					
	Kr					
	Rü					
	Br					
	Kr					
	Rü					

BA/ca/NI/97

Allgemeines

Ausdauerschwimmen

Die meisten Unglücke ereignen sich nicht im Schwimmbad mit klarem, warmen Wasser und den Rettungsgeräten in Reichweite, sondern irgendwo im kalten Freigewässer oder auf Eisflächen. Deshalb müssen Rettungsschwimmer gesund sein, über ausreichende Kraftreserven verfügen und sich jederzeit im Wasser sicher bewegen können, d.h.:
- wassergewöhnt
- wasservertraut
- wassergewandt sein.

Um das herauszufinden, muß man feststellen, ob der/die Bewerber/in die entsprechenden Voraussetzungen mitbringt.

DRSA-Bronze: 200 Meter in 10 Minuten

DRSA-Silber: 400 Meter in 15 Minuten

Ausdauernd schwimmen kann man allein oder in der Gruppe üben. Nach Möglichkeit soll man bei Leuten nachfragen, die etwas vom Schwimmen verstehen. Sie können sagen, ob man richtig schwimmt, ob Bewegung und Atmung stimmen oder woran es liegt, wenn man trotz grösster Anstrengung nicht vorwärts kommt und einem schon bald die Puste ausgeht.

Tips für das private Training

Zuerst kurze Strecken mit langsamen, sauberen und kräftigen Bewegungen, die Gleitphasen nutzend, schwimmen, dann Tempo und Strecke steigern.

Für das Gedächtnis: Trainingskarte führen!

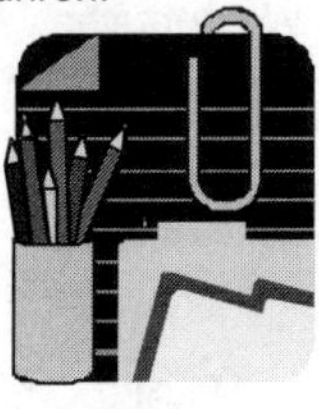

Kleider-schwimmen

Mit Klamotten ins Wasser: Gaudischwimmen, neueste Bademode - oder was?

Spass beiseite! Bei Unfällen mit Beteiligung mehrerer Personen (vgl. S. 20 und 99) stürzen Menschen in voller Bekleidung unfreiwillig ins Wasser.
Ausziehen oder nicht? Das ist die Frage!

DRSA-Bronze

100 Meter in vier Minuten

Schuhe und hemmende Kleidungsstücke sollte man ablegen. In winterlichen Gewässern bietet die Kleidung einen geringen Schutz, weil sich zwischen Haut und Gewebe ein kleines Luftpolster bildet.

DRSA-Silber

300 Meter in zwölf Minuten

Zum Üben stellt die WASSERWACHT Drillichanzüge (= weiße Jeans) zur Verfügung. Wenn man trockene Klamotten erwischt und beim Paketsprung (vgl. S. 12) die Arme gekreuzt fest an sich presst, bildet sich auf dem Rücken eine Luftblase. Das ist nicht nur lustig anzusehen, sondern unterstützt den Auftrieb. Schwimmt man mit kräftigen, zügigen, langen Bewegungen, spürt man nach wenigen Zügen die Behinderung kaum.

Tricks

Klar: Knoten und Sicherheitsnadeln sind verboten! Versuche einmal, im Wasser einen Knoten aus einem Gürtel oder einer Leine zu öffnen! Möchtest du dich an einer Nadel verletzen? - Achte darauf, dass dir der Drillichanzug passt und auch in Ordnung ist!

Wie wird man die nassen Klamotten los?
Nach dem Anschlagen am Ziel - hier wird die Zeit gestoppt - beginnt man etwa einen Meter vom Rand entfernt mit dem
- Wassertreten
- öffnet die oberen Knöpfe
- zieht die Jacke über den Kopf
- drückt sie, das Wasser auspressend, zu einem Bündel zusammen
- befördert sie mit einem Zielwurf auf den Beckenrand

Tricks

- Man kann auch mit dem Rücken zur Mauer die Jacke mit beiden Händen rückwärts über den Kopf hinweg an Land werfen. Kräftig einatmen und Luft anhalten, beim Werfen geht es abwärts!

Gleitbootlage auf dem Rücken:
- Hosenträger abstreifen
- Verschluss öffnen
- leichte Paddelschläge mit den Beinen bis die Hose zu den Zehen rutscht
- aufpassen und zugreifen, sonst muß man nachtauchen!
- Hose auf den Beckenrand werfen!

Eine Frage des Mutes: Springen

Springen

Keine Angst: Von den Klippen bei Acapulco/Mexico muß niemand in den Stillen Ozean springen! Startblock, Ein-Meter-Brett und Drei-Meter-Brett genügen!

DRSA-Bronze drei verschiedene Sprünge aus ein Meter Höhe

DRSA-Silber ein Sprung aus drei Meter Höhe

Ins Wasser springen erfordert
- Mut
- Selbstüberwindung
- Körperbeherrschung
- Konzentration

Gemeinsam ist allen Sprüngen
- das kräftige Abdrücken der Füße
- die gespannte Haltung während der Flugphase und beim Eintauchen
- das kräftige Abdrücken vom Beckenboden
- das zügige Auf- und Austauchen

ACHTUNG!
Niemals zum Ausgangspunkt zurückkehren!
Es könnte der nächste Springer unterwegs sein!

Welche Sprünge geübt und geprüft werden, hängt von der Beschaffenheit des Schwimmbades ab!

Möglich sind: Paketsprung, Fußsprung, Schrittsprung, Startsprung, Abrenner, Kopfsprung.

Paketsprung

Paketsprung
- mit den Füßen kräftig abdrücken
- Beine anhocken
- Beine mit den Armen umfassen
- Gesäß und Fußsohlen landen gleichzeitig auf dem Wasser
- eintauchen
- strecken
- mit einer Drehung um die Körperlängsachse auf- und austauchen

Fußsprung (1) gestreckt

Fußsprung
- hoch abspringen
- in der Luft strecken
- Hände am Körper anlegen
- Fußspitzen zeigen nach unten
- gestreckt eintauchen
- gestreckt auf- und austauchen

Fußsprung (2) gehockt

Schrittsprung
- aufrechte Körperhaltung
- Schritt nach vorne
- mit dem Standbein kräftig abdrücken
- Standbein nachziehen und Beine schließen
- Fußspitzen zeigen nach unten
- gestreckt eintauchen
- gestreckt auf- und austauchen

Schrittsprung

Das Einspringen kopfwärts erfordert besondere Konzentration vor allem beim Eintauchen. Hier muß der Kopf auf die Brust geneigt bzw. gepresst werden, sonst gibt es eine knallharte Bauchlandung!

Vorübungen und Tricks

TIP: Vor dem Eintauchen mit geschlossenem Mund durch kurzes Schneuzen Luft in die Nase pressen, so dass kein Wasser in die Nasenhöhlen eindringen kann. Bei Beschwerden in den Ohren oder in der Stirnhöhle sofort austauchen und aktiven Druckausgleich (vgl. S. 18 und 128) durchführen!

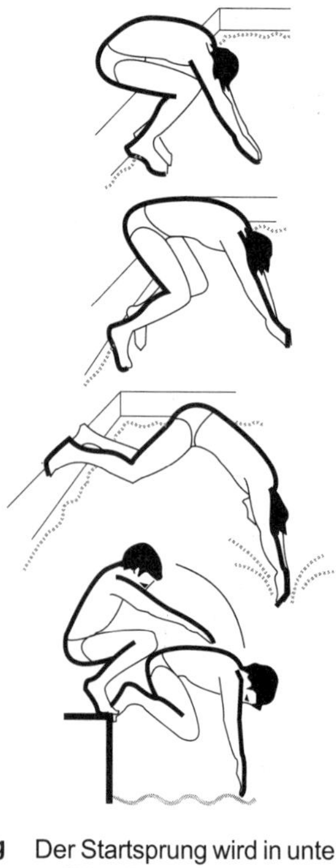

Aus dem Sitz am Beckenrand
- Fersen auf die Überlaufrinne
- Arme über den Kopf strecken
- Oberarme halten die Ohren zu
- Kinn auf die Brust drücken und Nabel ansehen
- Gesäß hoch und bei gleichzeitigem Abdrücken ins Wasser kippen
- Hände dabei in "Messerhaltung": Zeigefinger aneinander und Daumen verhaken

Aus der Hocke vom Beckenrand
- Zehen umkrallen den Rand
- sonst wie oben

Startsprung

Der Startsprung wird in unterschiedlichen Formen ausgeführt: Beine mehr oder weniger weit geöffnet in Parallel- oder Schrittstellung. Beim Grabstart drückt sich der Schwimmer mit beiden Händen vom Startblock ab. Beim Hochstart werden die Arme leicht seitlich nach hinten hochgehalten, um Schwung für den Absprung zu holen.

Startsprung

Zunächst steht man auf dem rückwärtigen Teil (langer Pfiff) des Startblocks. Beim Kommando “Auf die Plätze!” wird sofort die Starthaltung eingenommen:
- Zehen umkrallen die Vorderkante
- Knie und Hüfte gebeugt, so dass der Körper nahezu waagerecht gehalten wird
- Hände bereithalten
- Blick auf die Eintauchstelle und Körper anspannen

Beim kurzen Pfiff:
- kräftig mit den Füßen abdrücken
- Arme nach vorne bringen
- kurz vor dem Eintauchen: Kinn auf die Brust
- Beine geschlossen und gestreckt
- lange Gleitphase unter Wasser

Beim Brustschwimmen ist ein kompletter Tauchzug unter Wasser erlaubt, dann erst austauchen und mit dem Schwimmen beginnen.

Grabstart

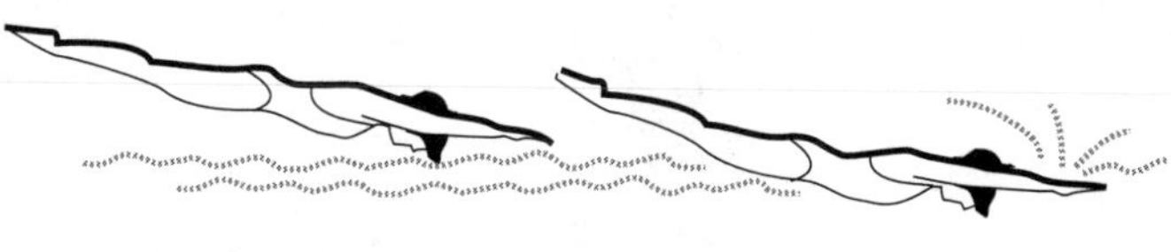

Startsprung

konventioneller Start

Ausgangsstellung für
Schrittstart

Kopfsprung

Diese Sprünge sind für das Rettungsschwimmen nicht wichtig. Außerdem erfordert das Erlernen sehr viel Zeit, die im Lehrgang leider nicht zur Verfügung steht. Nicht jedes Bad ist mit einer Sprunganlage und der entsprechend notwendigen Wassertiefe ausgestattet. Deshalb zur Information nur einige Skizzen.

Kopfsprünge kennt man in mehreren Richtungen und Formen:
- vorwärts
- rückwärts
- aus dem Stand
- mit Anlauf
- gehockt
- gehechtet
- gestreckt

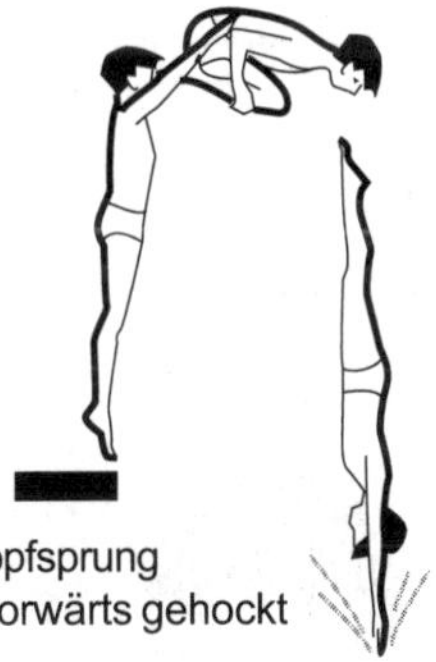

Kopfsprung
- vorwärts gehockt

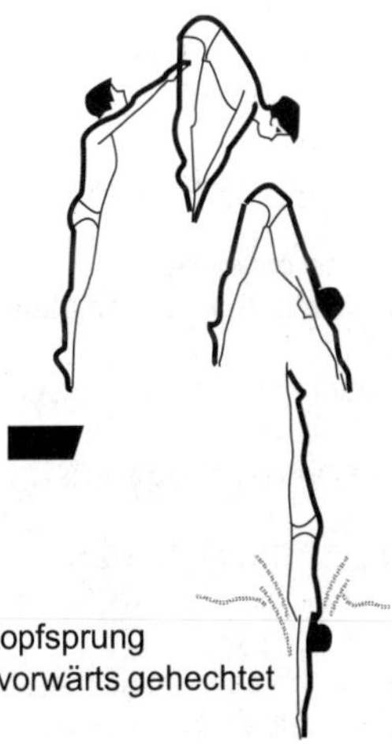

Kopfsprung
- vorwärts gehechtet

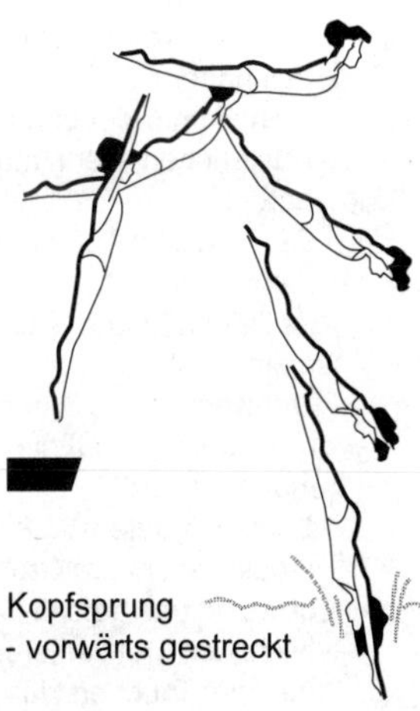

Kopfsprung
- vorwärts gestreckt

Strecken-tauchen Weg von der Oberfläche! Ab in die Tiefe! Zugegeben: Das ist nicht jedermanns Sache. Schließlich ist der menschliche Körper für einen Aufenthalt unter Wasser nur bedingt geeignet.

DRSA-Bronze 15 Meter

DRSA-Silber 25 Meter

Man muß den
- Wasserdruck ertragen
- Wasserwiderstand überwinden

ferner das Eindringen von Wasser in
- Auge
- Ohren
- Nase

ertragen, von der
- Temperatur

ganz zu schweigen!

Goldene Regeln

Vor jedem Tauchgang:

- Überprüfen, ob Nase und Ohren frei sind! (Druckausgleich)
- Auf Herz und Kreislauf achten!
- Vorsicht, wenn man kurz vorher eine Infektionskrankheit hatte!
- Keinen übertriebenen Ehrgeiz entwickeln!
- Austauchen, wenn man keine Luft oder Kraft mehr hat!
- Der Mut zum Aufgeben rettet beim Tauchen oft das Leben!
- Je tiefer man am Grund entlang taucht, desto leichter gelingt es!
- Der Kopf ist das Steuer für den Körper! Je fester man das Kinn auf die Brust drückt, um so tiefer kann man tauchen!
- Leute mit gutem Auftrieb haben es nicht ganz leicht, möglichst tief am Grund zu bleiben: Sie müssen bewusst und gezielt nach unten schwimmen.
- Nicht den Mut verlieren, wenn es nicht auf Anhieb mit dem Tauchen klappt!

Erst kleine Stücke - dann die große Strecke!

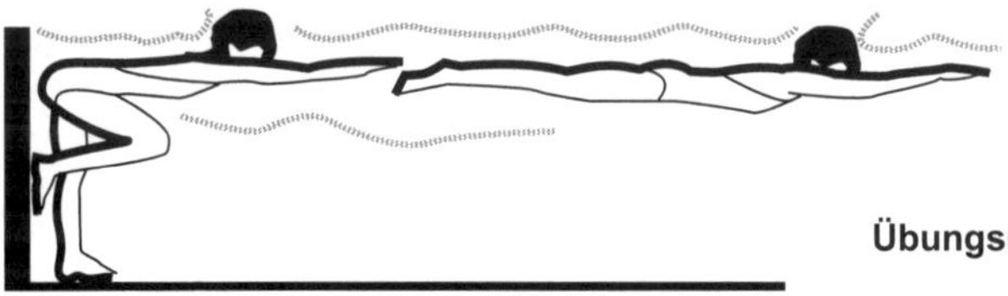

Übungsreihe

1. Hechtschießen vom Beckenrand mit Ausgleiten. Bleibe möglichst lange gestreckt und bewegungslos mit dem Gesicht im Wasser liegen! Halte die Augen offen! Atme langsam aus!

2. Hechtschießen wie bei Übung 1. Dabei wird das Kinn fest auf die Brust gedrückt. Zum Austauchen Kopf in den Nacken nehmen und ausatmen!

3. Übung 1 mit Startsprung.

4. Übung 2 mit Startsprung.

5. An die Übung 4 wird ein Tauchzug angehängt (vgl. Zeichnung).

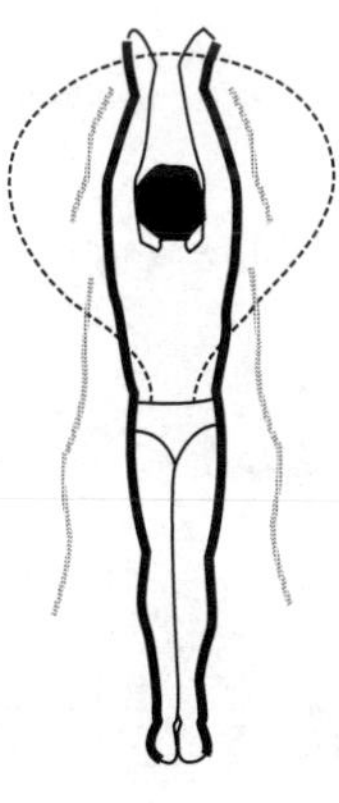

Die Hände ziehen wie bei einem "Schlüssel-loch" S-förmig durch das Wasser. An den S-Zug schließt sich eine kräftige Schwunggrätsche an. Sobald die Beine wieder geschlossen und gestreckt sind, schiebt man die Arme unter dem Körper eng nach vorne, bis sie ganz gestreckt sind. Ausgleiten und Austauchen!

Übungsreihe

6. Wiederholung der Übung 5 mit zwei Tauchzügen.

7. Wiederholung der Übung 5 mit drei Tauchzügen.

8. Wiederholung der Übung 5 mit vier Tauchzügen.

9. Wiederholung der Übung 5 mit fünf Tauchzügen.

Gefahren erkennen!

Tauche nie allein!
Kontrolle, wie weit man getaucht ist!
Pause zwischen den Tauchgängen!

Gefahren begegnen!

Druck auf der Brust: Was nun?

Mehrmals schlucken (= Speichel und Luft), sobald Druck zwischen Kehlkopf und Brustbein zu spüren ist! Falls das nicht hilft, sofort austauchen, an Land gehen und Pause einlegen.

Streckentauchen braucht man für die
- Selbstrettung
- Fremdrettung.

Selbstrettung: Wegtauchen aus einem Gefahrenbereich, z.B. Unfall mit mehreren Beteiligten.

Fremdrettung: Um nach einem Verunglückten zu suchen.

Beim Streckentauchen in trüben Gewässern an die Sicherungsleine denken!

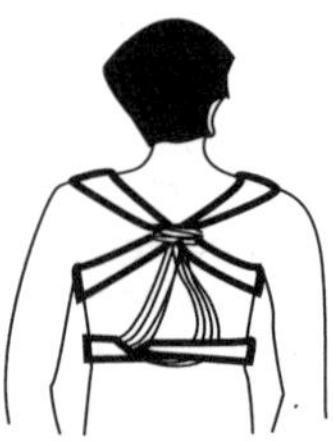

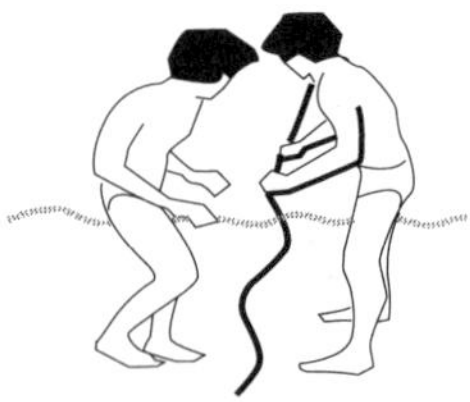

Tieftauchen

Die gleichen Überlegungen wie beim Streckentauchen gelten auch für das Tieftauchen.

DRSA-Bronze einmal kopfwärts und einmal fußwärts

Beim Tieftauchen kennt man mehrere Techniken:
- mit Einsprung
- von der Wasseroberfläche jeweils kopfwärts, fußwärts.

DRSA-Silber zweimal kopfwärts und einmal fußwärts

Leichter ist das Tieftauchen mit Einsprung. Da aber im Ernstfall meistens kein erhöhter Standpunkt zur Verfügung steht und es in unbekannten, meist trüben Gewässern gefährlich ist, einzuspringen, muss das Abtauchen von der Oberfläche gefordert werden. Für Leute mit sehr gutem Auftrieb kann es hier Probleme geben, die aber mit Tricks zu bewältigen sind.

Taucher unterscheiden zwischen dem Auftauchen und dem Austauchen.

Auftauchen: z.B. von zehn auf fünf Meter, also steigen

Austauchen: Wasseroberfläche durchstossen

Tricks für das Üben

Beim Tieftauchen fußwärts müssen die Füße zuerst den Grund berühren, ehe man sich bückt und den Tauchring aufnimmt.

Auftauchen und Austauchen Das Auf- und Austauchen funktioniert so:

1. Kopf in den Nacken legen und nach oben blicken.

2. Einen Arm nach oben strecken.

3. Kräftiges Abstossen aus der Hocke und gleichzeitiges Strecken.

4. Während des Auftauchens sich einmal um die eigene Körperlängsachse drehen, damit man sieht, wohin man schwimmt und evtl. Hindernissen ausweichen kann (vgl. Zeichnung).

5. Während des Aufstiegs ausatmen, so dass man sofort nach dem Austauchen wieder Luft holen kann.

Gefahren erkennen! Nicht in Panik geraten, wenn der Druck auf der Brust und/oder in den Ohren zu stark wird.
Abhilfe: Schlucken und aktiver Druckausgleich (vgl.S. 18 und 128).

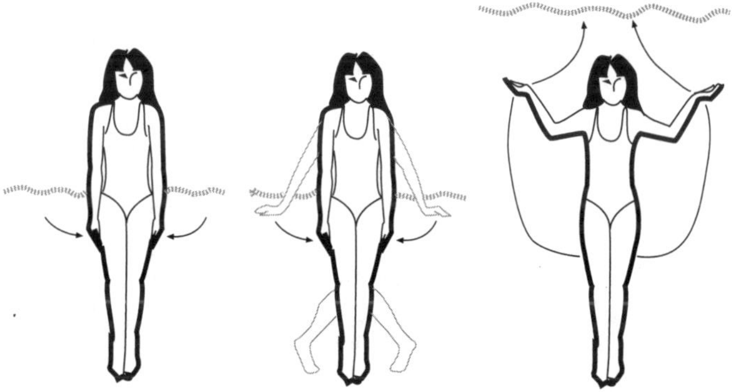

fußwärts mit Einsprung

Abtauchen fußwärts mit Einsprung
Vor dem Sprung einmal tief ein- und ausatmen. Keine Hyperventilation! (vgl. S. 129 und 130)
- Zielpunkt (Tauchring) anpeilen
- mit Fuß-, Streck- und Schrittsprung ins Wasser
- Zehen zeigen nach unten
- Streckhaltung bis zum Grund, Hände dabei an der "Hosennaht"
- Abtrieb durch Nach-oben-Stemmen der Hände evt. verstärken
- Tauchring aufnehmen
- Auf- und Austauchen (siehe S. 22)

Abtauchen kopfwärts mit Einsprung

Vom Beckenrand
- aus dem Sitz
- aus dem Hockstand
- aus dem Stand kopfwärts einspringen.

Wie im Abschnitt "Sprünge" erwähnt, ist es wichtig,
- den Kopf auf die Brust zu nehmen und vor dem Eintauchen
- leicht durch die Nase auszuatmen.

Bis zum Beckengrund gestreckt (mit den Armen voraus bleiben). Das Kinn auf die Brust drücken! Falls der Schwung und damit der Abtrieb nachlässt, einen kräftigen Armzug und danach eine Schwunggrätsche anhängen.

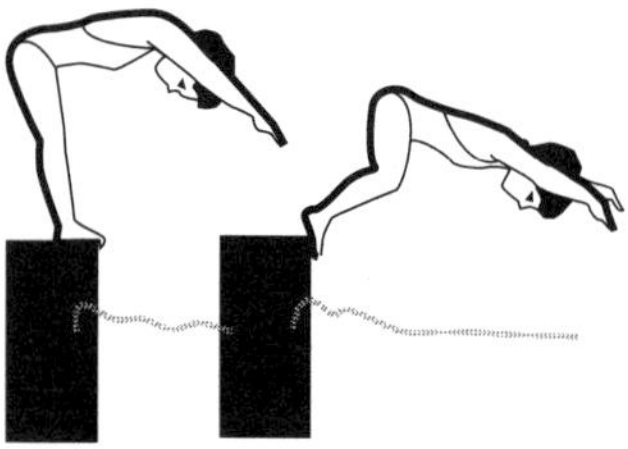

Will man auf dem Grund des Schwimmbeckens nach einem Gegenstand greifen, so liegt er viel weiter weg, als es einem erscheint. Das hängt mit der Lichtbrechung zusammen. Außerdem ist das ungeschützte menschliche Auge für das Sehen unter Wasser nicht geeignet. Personen und Gegenstände erscheinen unter Wasser unscharf, verschwommen.

Hat man den Tauchring erreicht, nimmt man ihn auf, zieht ihn über den "Auftaucharm" und bringt ihn - wie beschrieben - nach oben.

Kopf und Tauchring müssen über Wasser gleichzeitig sein. Ob der Tauchring zum Beckenrand gebracht oder wieder auf Grund geschickt wird, entscheidet der Ausbilder/die Ausbilderin.

Abtauchen von der Wasseroberfläche fußwärts

Tieftauchen

fußwärts von der Oberfläche

1. Tauchpunkt suchen.
2. Über dem Tauchpunkt mit dem Wassertreten beginnen.
3. Tief einatmen.
4. Durch eine kräftige Bewegung oder halbkreisförmig geführte Arme und einer Schwunggrätsche den Körper so weit wie möglich aus dem Wasser heben.
5. Gestreckte Körperhaltung. Kopf und Rücken bilden eine Linie.
6. Langsam ausatmen, dabei Arme am Körper eng nach unten führen.
7. Bei geschlossenen Beinen - die Fußspitzen zeigen nach unten - Arme wieder halbkreisförmig nach oben führen, um den Abtrieb zu verstärken.
8. Sobald die Füße den Boden berühren, das Kinn auf die Brust pressen, in die Hocke gehen und mit beiden Händen den Tauchring aufnehmen.
9. Tauchring über den "Auftaucharm" streifen und - wie beschrieben - auf- und austauchen.

Abtauchen von der Wasseroberfläche kopfwärts

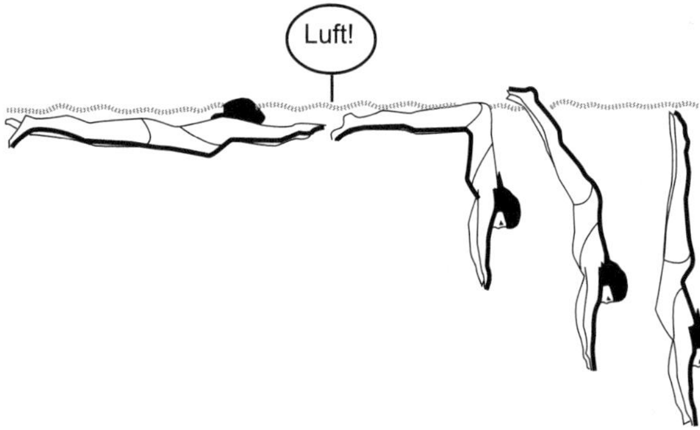

1. Tauchpunkt in Strecklage angleiten!

2. Kopf anheben und einatmen!

3. Mit Schwung in der Hüfte rechtwinkelig nach unten abkippen, als wollte man eine tiefe Verbeugung oder einen Handstand in das Wasser machen! Dabei drückt man gleichzeitig das Gesäß nach oben.

4. Beine senkrecht nach oben schwingen und strecken!

5. Der Körper sollte jetzt senkrecht sein. Wenn nicht: Korrektur mit Hilfe der Arme und des Kopfes (Kinn auf die Brust drücken!).

6. Mit kräftigen Armzügen wie beim Brustschwimmen - das Kinn bleibt auf der Brust - nach unten schwimmen! Notfalls mit kräftiger Beinarbeit nachhelfen.

7. Tauchring aufnehmen, über den Arm streifen und nach bekanntem Muster auf- und austauchen!

Transportieren

Bei den Rettungstechniken unterscheidet man zwischen Transportieren und Abschleppen.
Beim Transportieren hilft der Partner **aktiv** mit, d.h. er muss
- bei Bewusstsein
- ansprechbar
- ruhig

sein, sowie die Anweisungen des Retters
- verstehen
- befolgen.

Ferner muss
- das Wasser ruhig
- die Sicht gut sein.

DRSA-Bronze
50 Meter

DRSA-Silber
50 Meter
Schieben in
höchstens
1:30 Minuten

Beim Abschleppen verhält sich der Verunglückte **passiv.**

Abschleppgriffe werden notwendig, wenn
- der Verunglückte unruhig
- die Verunglückte bewusstlos
- das Wasser unruhig
- die Sicht schlecht

ist.

Beim Transportieren und Abschleppen muss das Gesicht des Verunglückten immer über Wasser bleiben!

Ziehen durch
zwei Retter

Transportierter in Rückenlage

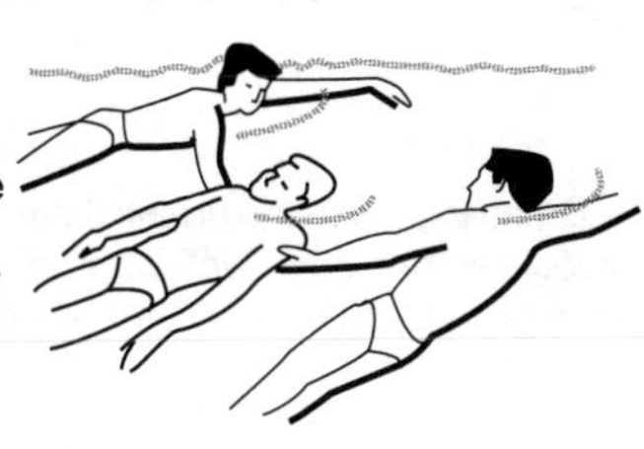

Der Transportierte
- streckt sich
- hält seinen Kopf über Wasser
- hilft ggf. durch Beinarbeit mit.

Beide Helfer schwimmen in Seitenlage, Front zueinander und halten durch Griff von unten in die Achselhöhle den Hilfsbedürftigen über Wasser.

Transportierter in Bauchlage

Ziehen durch zwei Retter

Der Transportierte
- streckt sich
- hält sich mit gestreckten Armen an den Schultern der beiden in Bauchlage schwimmenden Retter fest.

Ggf. unterstützt der Transportierte durch Beinarbeit die Rettungsmaßnahme.

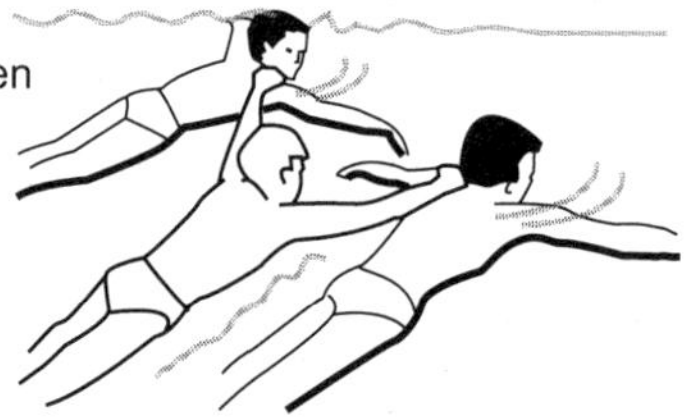

Transportierter in Rückenlage

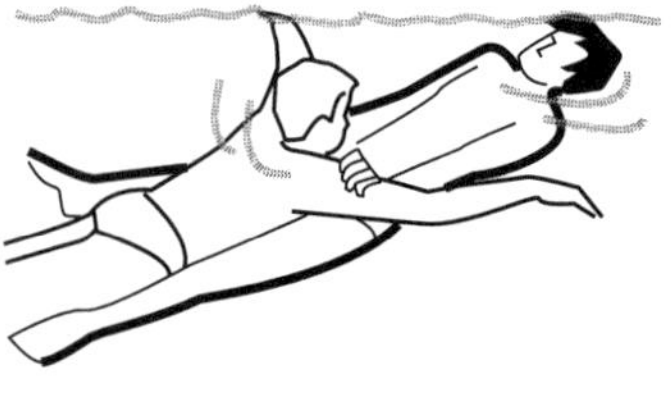

Der Hilfsbedürftige
- streckt sich
- neigt den Kopf leicht
- grätscht die Beine
- stützt sich mit gestreckten Armen auf den Schultern des Retters ab.

Schieben durch einen Retter

Die Daumen zeigen dabei nach unten, damit der Transportierte weder den Kehlkopf noch die Schlagadern seines Retters zusammendrücken kann.

A C H T U N G!
Diese Art des Transportierens darf man nur anwenden, wenn auf den Partner absoluter Verlass ist!

Das bedeutet: Der Partner
- ist bei Bewusstsein
- ist ansprechbar
- antwortet vernünftig
- befolgt die Anweisungen des Retters.

Wenn man merkt, dass der Partner
- unruhig wird
- am Durchdrehen ist
- in Panik gerät, weil er
- Wasser eingeatmet hat
- hustet
- dem Retter an den Hals gehen will, sagt man ihm (falls das noch möglich ist), dass man nun zum Fesselgriff nach Flaig überwechselt.

Sechs-Punkte-Programm

Sollte der Hilfsbedürftige den Retter im Halswürgegriff von vorne packen, so heisst es für den Retter:
- blitzschnell reagieren
- das Sechs-Punkte-Programm ablaufen lassen.

Schützen

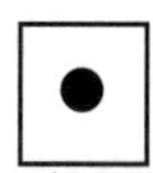

- Schultern hochziehen und das Kinn auf die Brust drücken! Tief Luft holen! Man weiss ja nicht, ob und wann man dazu wieder Gelegenheit hat!

Wehren

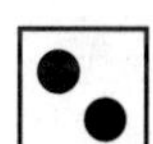

- Arme überkreuz vor Gesicht und Brust wie ein großes X abwehrend halten.

Greifen

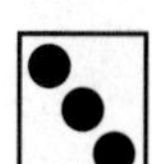

- Aus dem großen X greift eine Hand des Retters nach einer Hand des Angreifers.

Hebeln

- Die freie Hand des Retters schiebt sich mit angelegtem Daumen unter den Ellbogen des Angreifers.

Fesseln

- Ellbogen des Angreifers hochdrücken, damit ein "Dreieck" (Hand, Ellbogen, Achselhöhle des Angreifers) entsteht, durch das der Retter hindurchtaucht.

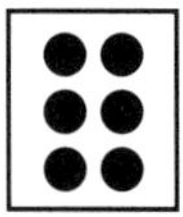

Abschleppen

- Angreifer in den Fesselgriff drehen und in Rückenlage abschleppen.

In Panik entwickelt der Mensch ungeahnte Kräfte. Auch wenn es beim Üben gelingt, sich aus dem Killergriff zu befreien, so muß man stets daran denken: Im Ernstfall sieht alles anders aus!

> Befreiungsgriffe sind keine Lebensversicherung, höchstens eine klitzekleine Chance für das Überleben!

Befreiungsgriffe

Eine Rettungsmaßnahme sollte stets so durchgeführt werden, dass der Retter vom Verunglückten nicht gepackt wird. Es gibt Situationen, in denen ein Schwimmer von einem anderen unerwartet angegriffen wird, z. B. bei einem Unfall mit mehreren Personen oder aber scheinbar harmlos im Schwimmbecken, wenn ein unsicherer Kandidat Wasser ins Gesicht bekommt und durchdreht.

Der Angegriffene sollte auf jeden Fall versuchen, sich durch
- Abtauchen
- Wegstoßen
- Wegdrücken

in Sicherheit zu bringen, dabei aber auch an das Sechs-Punkte-Programm denken.

Nach diesem allgemeinen Programm die speziellen Antworten auf die Frage:
Wie schafft man sich den Angreifer vom Hals?

Halswürgegriff von vorne

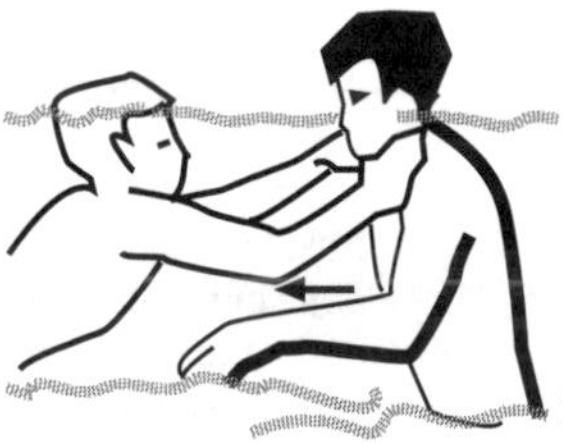

1. Betroffener greift mit beiden Händen zum Kehlkopf des Retters.
Retter drückt das Kinn auf die Brust und zieht die Schultern hoch (= Schützen).

2. Retter schiebt beide Hände überkreuz zwischen die Arme des Angreifers, bildet ein X (= Wehren) und greift mit der linken Hand unter den kleinen Finger in den linken Handteller des Angreifers (= Greifen).

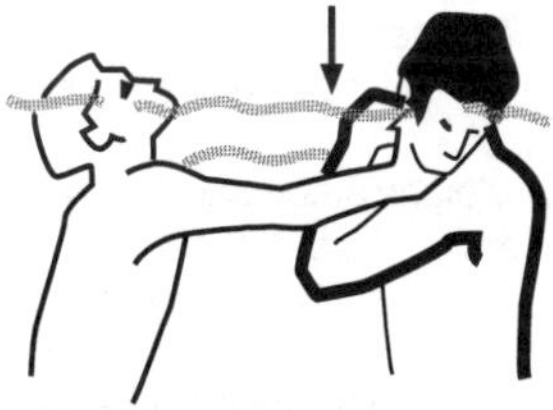

Gleichzeitig dreht der Retter, ohne das Kinn von der Brust zu nehmen, seinen Kopf nach links und bereitet den Einsatz des rechten Armes vor.

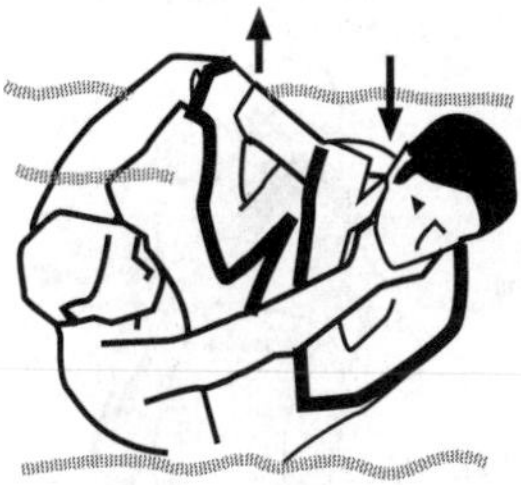

3. Mit angelegtem Daumen formt der Retter seine rechte Hand zu einem rechten Winkel, ergreift den linken Ellbogen des Angreifers und drückt ihn nach oben (= Hebeln).

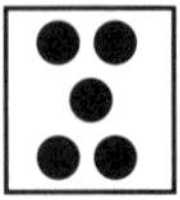

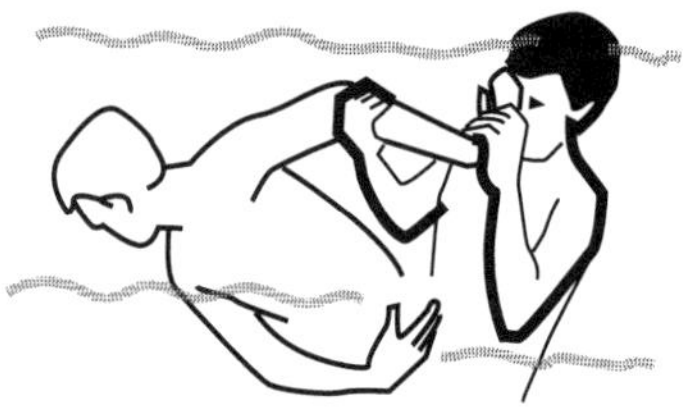

4. Ohne loszulassen, dreht der Retter den Angreifer schwungvoll in Rückenlage (= Fesseln), presst die linke Hand des Angreifers gegen dessen Unterarm und greift mit der freien rechten Hand das Kinn, drückt es nach oben und schleppt ihn in Rükkenlage ab (= Abschleppen).

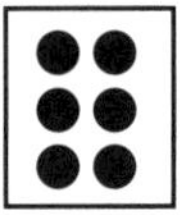

Befreiungsgriffe sind auf Grundlage des Hebelgesetzes aufgebaut, und nicht auf Schmerzwirkung.
Die Wasserrettungsorganisationen vermitteln ein Grundmuster, das eine Chance der Befreiung bietet, vorausgesetzt:
- die Bewegungsabläufe erfolgen automatisch, d.h.
- sie müssen immer wieder geübt werden.

Halsumklammerung von hinten

Geübt und geprüft werden:
- Halsumklammerung von hinten
- Halswürgegriff von hinten

(= Schützen und Wehren)

Ansetzen des Befreiungsgriffes

(= Greifen)

Linke Hand mit angelegtem Daumen unter den linken Ellbogen des Angreifers, rechte Hand auf die rechte Hand bzw. das Handgelenk. Kopf nach rechts drehen.

Lösen mit dem Armhebel

Retter drückt mit Schwung aus der linken Schulter den Ellbogen des Angreifers nach oben, zieht die Hand/das Handgelenk nach unten und schlüpft - den Hinterkopf voraus - durch das “Dreieck” (= Hebeln).

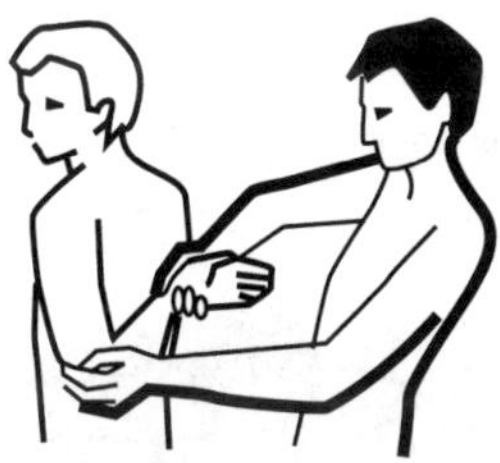

Übergang zum Fesselgriff

Ohne die Hand/das Handgelenk loszulassen, dreht der Retter den rechten Arm des Angreifers hinter dessen Rücken und faßt mit angelegtem Daumen (“Schüssel”) mit der Linken unter das Kinn des Angreifers und beugt dessen Kopf in den Nacken (= Überstrecken, damit Atemwege frei bleiben) und bringt ihn ggf. mit einem leichten Stoß ins Kreuz in die Rückenlage (= Fesseln).

Der Retter beginnt unverzüglich das Abschleppen mit kräftigen Beinbewegungen (Schwunggrätsche) (= Abschleppen).

Tips für das private Üben

Tips:

1. Suche einen gleichwertigen Partner: gleiche Größe, gleiche Figur.
2. Störende Gegenstände: Brille, Halskette, Armbanduhr (auch wenn sie wasserfest ist), Armband, Lederschnüre usw. ablegen.
3. Suche den richtigen Stand für das Üben an Land (trocken, weg vom Beckenrand)
4. Übe in kleinen Schritten:
   - Angriff
   - Ansetzen
   - Hebel
   - Fesseln
5. Keine übertriebene Kraftmeierei:
   - an Land
   - im halstiefen Wasser
     hast du noch den für den Hebel festen Punkt,
   der
   - im tiefen Wasser fehlt:
     "Wasser hat keine Balken!"

Halswürgegriff von hinten

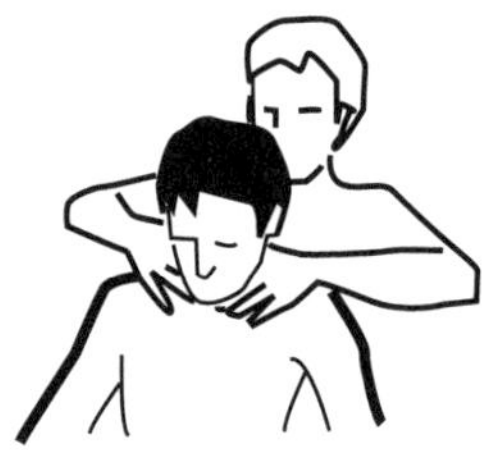

Ansetzen des Befreiungsgriffes

Beim Angriff von hinten: Schultern hoch, Kinn auf die Brust (= Schützen) und vor das Gesicht (= Wehren).
Jetzt schnell entscheiden,welche Hand des Angreifers der Retter packt.

Der Retter faßt mit der rechten Hand unter den kleinen Finger in den Handteller der linken Hand des Angreifers. Die linke Hand - Daumen anlegen und zur “Schüssel” formen! - greift unter seinen linken Ellbogen. Das Kinn bleibt auf der Brust, während der Kopf nach rechts gedreht wird (= Greifen).

Lösen mit dem
Armhebel

Lösen mit dem Armhebel

Der Retter drückt mit Schwung aus der linken Schulter den Ellbogen des Angreifers nach oben, zieht die Hand/das Handgelenk nach unten und schlüpft - den Hinterkopf voraus - durch das "Dreieck".

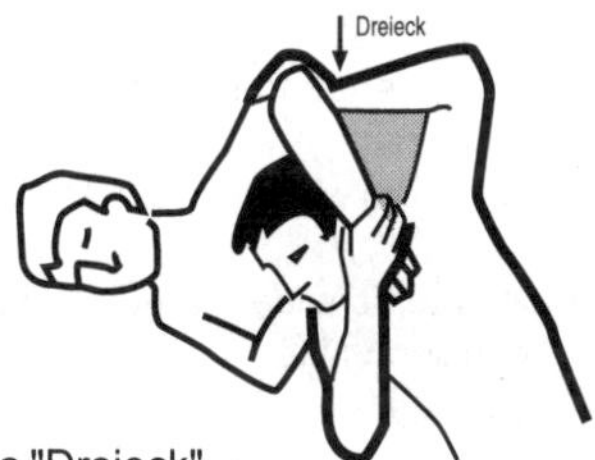

Übergang zum
Fesselgriff

Übergang zum Fesselgriff

Ohne die Hand/das Handgelenk loszulassen, dreht der Retter den rechten Arm des Angreifers hinter dessen Rücken und faßt mit angelegtem Daumen (“Schüssel”) mit der Linken unter das Kinn des Angreifers, beugt dessen Kopf in den Nacken (= Überstrecken, damit Atemwege frei bleiben) und bringt ihn ggf. mit einem leichten Stoß ins Kreuz in die Rückenlage.

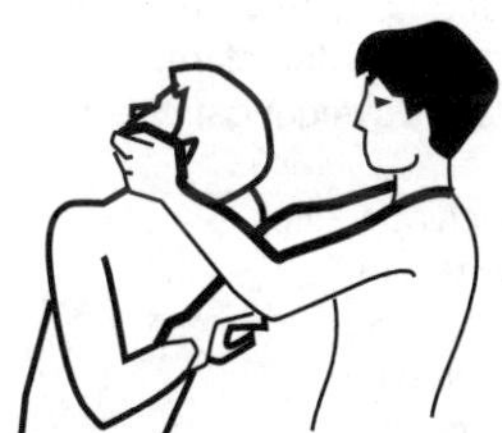

Der Retter beginnt unverzüglich das Abschleppen mit kräftigen Beinbewegungen (Schwunggrätsche).

Merke:

Jedes Befreien aus einer Umklammerung endet im Fesselgriff nach Flaig!

Der Retter sucht stets nach dem kürzesten Weg zum Ufer und zum bequemsten Ausstieg!

Der Retter muß sich immer wieder von der Bewusstseinslage des Verunglückten überzeugen!

Rettungsgriffe für das Abschleppen

Alle Anstrengungen des Retters sind umsonst, wenn es ihm nicht gelingt, den Verunglückten ans Ufer zu bringen, um weitere Maßnahmen zu veranlassen.

Man unterscheidet bei den Rettungsgriffen:
- Abschleppgriffe
- Fesselgriffe

Diese können ein- oder beidhändig sein. Einhändige Rettungsgriffe bieten Vorteile:
- ein Arm unterstützt das Schwimmen
- der Blick zum Verunglückten
- und zum Ufer ist frei
- mehr Bewegungsfreiheit für die Beine

Abschleppgriffe:
- Achselgriff
- Kragengriff
- Haargriff
- Kinngriff

Abschleppgriffe werden verwendet, wenn
- das Wasser ruhig
- der Verunglückte bewusstlos
- die Sicht gut

ist.

Fesselgriffe:
- Fesselgriff nach Flaig
- Seemannsgriff

Fesselgriffe werden verwendet
- bei unruhigem Wasser
- bei schlechter Sicht (Nacht, Nebel, Regen)
- wenn der Verunglückte unruhig ist
- nach dem Lösen aus einer Umklammerung

Bei allen Abschleppgriffen muß das Gesicht des Partners über Wasser sein!

Der Partner ist kein Schwimmbrett für den Retter!

DRSA-Bronze
50 Meter
Schleppen

Achselgriff
und
Fesselgriff
nach Flaig

DRSA-Silber
50 Meter
Schleppen

in
vier Minuten

beide Partner
in Kleidung

je die Hälfte
der Strecke
mit

-Achselgriff

-Fesselgriff
(Flaig oder
Seemannsgriff)

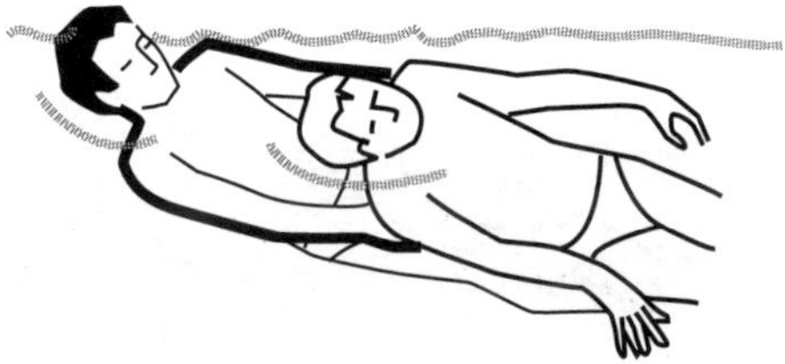

Achselgriff

Der Verunglückte wird in Rückenlage gebracht. Der Retter greift mit gestreckten Armen von unten her in die Achselhöhlen des Partners und schleppt ihn mit kräftigen Beinbewegungen (Schwunggrätsche) ab. Der Retter sollte sich von Zeit zu Zeit überzeugen, dass er auch tatsächlich auf dem kürzesten Weg zum Ufer schwimmt.

Kragengriff

Der Verunglückte wird in Rückenlage gebracht. Der Retter überzeugt sich, dass die Knöpfe an der Kleidung geschlossen sind und packt den Ertrinkenden mit einer Hand am Kragen.

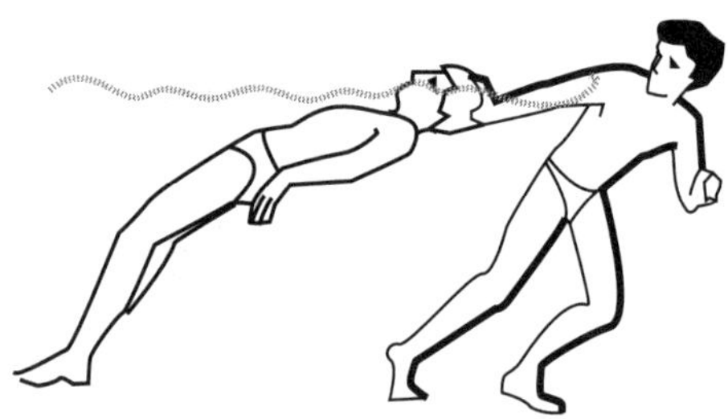

Haargriff

Wenn die Haare lang genug sind, kann man den Ertrinkenden fürs erste auch am Schopf packen. Man sollte baldmöglichst in einen anderen Rettungsgriff wechseln. Schlimm wäre es, wenn die Haarpracht künstlich wäre, der Retter die Perücke abschleppt und der Ertrinkende verloren geht.

Kinngriff

Der Retter formt (mit angelegtem Daumen) die Hand zur "Schüssel" und legt sie an das Kinn. Dabei darf die Hand den Kehlkopf des Verunglückten nicht berühren.

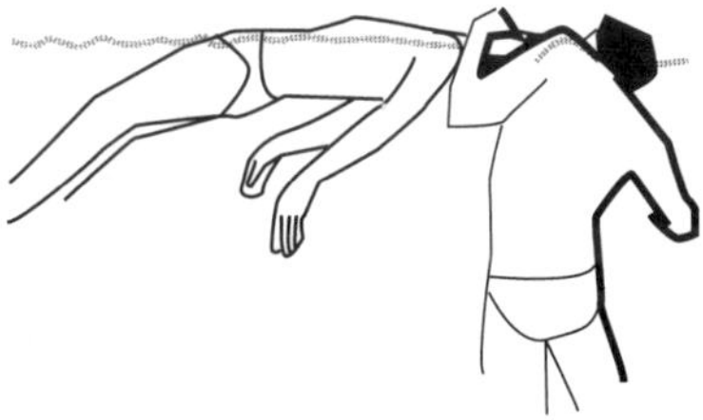

Kinngriff

Tips für das selbständige Üben

1. Suche dir einen gleichwertigen Partner! (Gleiche Größe, gleiche Figur)
2. Übt beide zunächst das Gleiten in Rückenlage: Abstoßen rückwärts vom Beckenrand
   - Arme seitlich neben dem Körper
   - Kopf gerade bzw. Kinn leicht zur Brust geneigt
3. An das Gleiten die Schwunggrätsche anschließen. Die Hände ruhen auf dem Bauch.
4. Mit dem Partner üben.

Fesselgriff nach Flaig

Der Retter erfaßt mit seiner rechten Hand die linke Hand des Partners hinter dessen Rücken und drückt sie bzw. zieht den Unterarm nach oben (Polizeigriff).

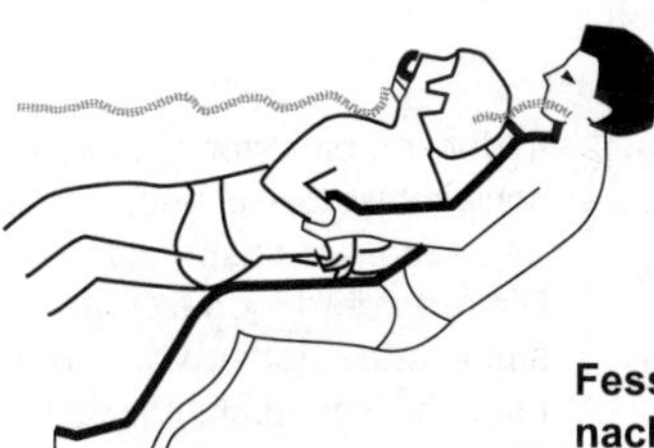

Fesselgriff nach Flaig

Mit der linken Hand greift der Retter an das Kinn und überstreckt gleichzeitig den Kopf des Partners (vgl. auch Befreiungsgriffe).

Seemannsgriff

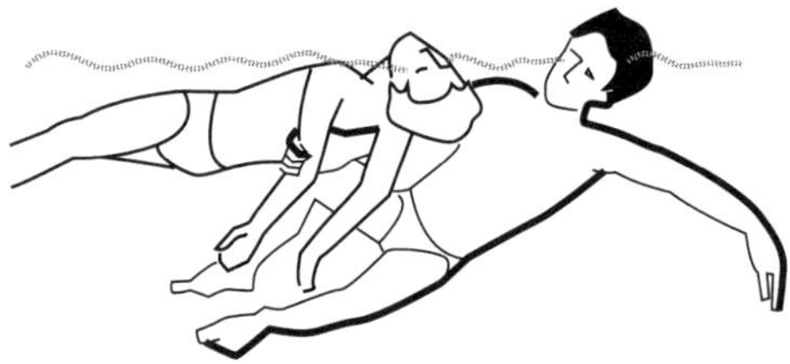

Seemannsgriff

Der zu rettende Partner wird in Rückenlage gedreht. Der Retter schwimmt nahezu in Seitenlage, schiebt seinen rechten Arm unter dem rechten Arm des zu rettenden Partners durch und erfaßt dessen linken Oberarm mit der Hand bei angelegtem Daumen. Die linke Hand unterstützt die kräftigen Bewegungen der Beine (Schwunggrätsche).

Die Griffe können auch gegengleich durchgeführt werden! Das ist die persönliche Entscheidung des Retters!

Kombinierte Übung

In der kombinierten Übung soll der künftige Rettungsschwimmer den Ernstfall proben. Er soll erfahren und begreifen, wie anstrengend das Unternehmen ist.
Die Anforderungen werden von Leistungsstufe zu Leistungsstufe höher, vor allem, wenn es um die Herz-Lungen-Wiederbelebung geht.

Die kombinierte Übung ist wieder eine Partnerübung. Auch hier gilt:

1. Gleichwertige Partner (gleiche Größe, gleiche Figur).

2. Der zu rettende Partner verhält sich passiv.
   Das bedeutet:
   - Er verzichtet beim Abschleppen auf Bein- und Armbewegungen
   - Beim Anlandbringen entspannt er sich und leistet keinen Widerstand.

3. Der Retter bemüht sich, dem Partner nicht zu schaden.
   Das bedeutet:
   - Er packt kräftig zu, ohne dem Partner weh zu tun. "Blaue Flecken" soll der Partner nicht bekommen!
   - Beim Abschleppen
     * läßt der Retter ihn nicht los, weder auf der Strecke noch beim Griffwechsel;
     * hält er sich nicht fest und taucht den Partner nicht unter;
     * hilft er dem Partner am Ziel, sich festzuhalten bzw. auf den Beckenrand zu steigen.

Anlandbringen

Der Retter hat den Verunglückten ans Ufer gebracht. Nun heißt es, ihn auch aus der Gefahrenzone Wasser sicher ans Land zu bringen - aber wie?!

Hier sind viele Gesichtspunkte zu berücksichtigen!
- Hallenbad
- Freibad
- Becken mit tiefliegender Überlaufrinne
- Überlaufrinne mit Wasserspiegel in einer Ebene
- natürlicher See
- Baggersee
- Fischteich
- Fluß mit schwacher Strömung
- Fluß mit starker Strömung
- Sturzbach mit Geröll
- Kanal mit Wehren und Schleusen

Wie ist die Beschaffenheit des Untergrundes?
- Sand
- Kies
- Geröll
- Schlamm
- Sumpf

Wie ist das Ufer?
- flach
- sanft ansteigend
- steil ansteigend

Wie ist es um den Verunglückten bestellt?
- Kind
- Erwachsener
- klein oder groß
- leicht oder schwer
- bei Bewusstsein oder bewusstlos
- ansprechbar oder nicht
- sichtbare Verletzungen
- Verdacht auf:
  * innere Verletzungen
  * Wirbelsäulenverletzung
  * Kopfverletzung
  * Knochenbrüche

Wie geht es dem Retter?
- Kraftreserven vorhanden
- Kraftreserven erschöpft
- kleiner, schwächer als der Verunglückte
- größer als der Verunglückte
- im Retten erfahren
- im Retten unerfahren
- aufgeregt
- nervös
- ruhig
- gelassen

Rautekgriff

Rautekgriff

Bei schlüpfrigem (glitschigem) Boden kann man mit dem Rautekgriff den Verletzten aus der Gefahrenzone schleifen **(nur dafür verwenden!)**. Ist der Verunglückte ansprechbar, so sagt man ihm, was weiterhin geschieht und bittet ihn, sich zu entspannen.

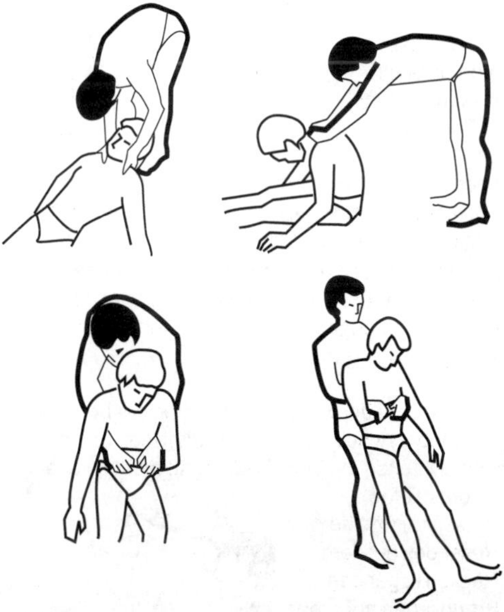

1. Nacken des Liegenden untergreifen, Kopf abstützen, mit angemessenem Schwung aufrichten und in Sitzstellung bringen.
2. Rücken mit den Knien auf beiden Seiten abstützen.
3. Unter beiden Achseln durchgreifen und einen abgewinkelten Unterarm mit beiden Händen fassen (Daumen anlegen!).
4. Den Verletzten mit Schwung auf die Oberschenkel ziehen und mit gebeugten Knien rückwärts schleifen.

Rautekgriff

5. Ist ein zweiter Helfer zur Stelle, so nimmt dieser die Beine des Verunglückten, legt sie in Höhe der Knöchel übereinander und hebt sie, von unten fassend, nach Aufforderung des Retters hoch.

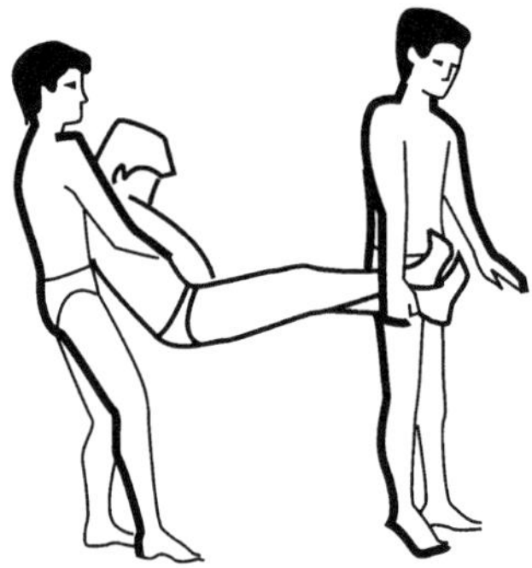

Dieser bestimmt auch, in welche Richtung der Verunglückte getragen wird.

Beim Ablegen ist äußerste Vorsicht geboten. Mit einer Hand muß man den Nacken stützen, damit der Kopf des Verunglückten nicht auf dem Boden aufschlägt.

Schultertragegriff

Das Tragen auf der Schulter sollte man nur bei schwierigen, unübersichtlichen Uferverhältnissen anwenden, die ein Schleifen mit dem Rautekgriff nicht zulassen.

1. Im brusttiefen Wasser nimmt der Retter den auf dem Rücken liegenden Ertrunkenen auf die Arme.
   Der Retter greift mit der rechten Hand durch die Oberschenkel durch und legt sie auf den Rücken des Verunglückten.

   Mit der linken Hand nimmt der Retter das rechte Handgelenk des Hilfsbedürftigen.

**Schulter-
tragegriff**

2. Der Retter zieht den rechten Arm des Ertrunkenen hoch, atmet ein, taucht ab, rollt den Ertrunkenen über seine Schulter und taucht wieder auf.

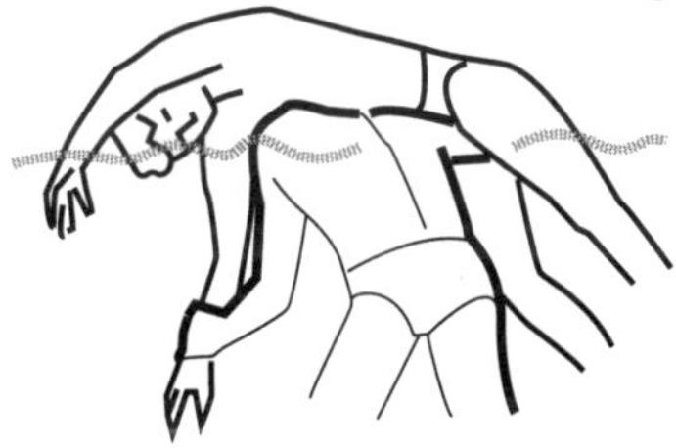

3. Der Retter muß das Gewicht gleichmäßig verlagern. Mit der rechten Hand erfasst der Retter die rechte Hand des Verunglückten, dessen Kopf nach unten hängt. So kann evtl. vorhandenes Wasser aus den oberen Atemwegen abfließen.

Mit dem freien linken Arm kann der Retter das Gleichgewicht ausbalancieren und/oder sich ggf. festhalten.

Ablegen

Gefahren erkennen

Das Ablegen des Verunglückten aus dem Schultertragegriff erfordert viel Geschick, weil es mit einigen Gefahren sowohl für den Retter als auch für den Geretteten verbunden ist.

Darum sollte man sich rechtzeitig nach einem Helfer umsehen.

- Wenn du mit einem Partner übst, mußt du unbedingt eine weiche Unterlage, z.B. eine Turnmatte haben.
- Sieh zu, dass ein kräftiger Helfer dabei ist, der den Kopf des Partners vor dem Aufschlagen am Boden schützt.
- Laß es lieber bleiben, wenn niemand dabei ist, dem du vertrauen kannst!

Ablegen aus dem Schultertragegriff

1. Der Retter nimmt eine leichte Grätschstellung ein. Er hält den über seine linke Schulter hängenden rechten Arm des Geretteten am Handgelenk.

2. Der Retter beugt sich etwas vor, zieht seinen rechten Arm zwischen den Beinen des Geretteten nach hinten heraus und umfaßt den rechten Oberschenkel. Nun dreht der Retter seinen Oberkörper leicht nach links: rechte Schulter nach unten, linke Schulter nach oben.

Er läßt den Partner langsam über die rechte Schulter gleiten, bis seine Beine den Boden erreichen.

Der rechte Arm des Geretteten wird noch immer festgehalten, so dass der Nacken des Retters die Last des Partners hält und ihn vor dem Abrutschen bewahrt. Ist ein zweiter Helfer zur Stelle, kann er jetzt den Verunglückten mit einem Griff unter die Achseln übernehmen und ihn vorsichtig absetzen.

Ablegen aus dem Schultertragegriff

3. Ist der Retter allein, so macht er einige vorsichtige Schritte oder eine leichte Drehung nach rechts. Die rechte Hand des Retters befindet sich nun auf dem Schulterblatt. Der linke Arm des Verunglückten hängt über dem rechten Arm des Retters, der ihn in schräger Hängelage vor sich hält.

4. Der Retter geht noch tiefer, bis auf die Knie, so dass der Gerettete erst auf den Boden gesetzt und dann auf den Rücken gelegt werden kann.

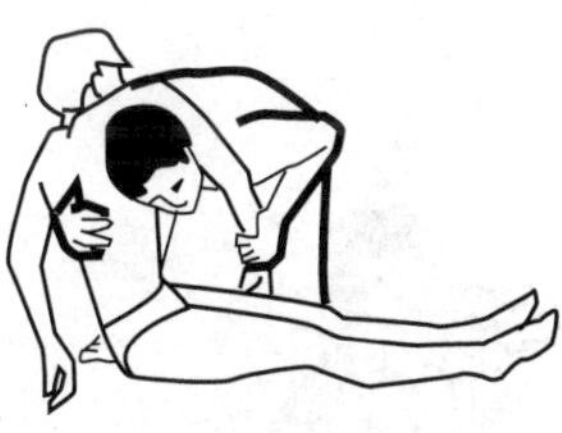

Der Retter muß jetzt besonders wachsam sein, damit ihm der Verunglückte nicht entgleitet. Er zieht den Kopf unter der rechten Achsel des Partners heraus, fährt mit der linken Hand am Arm entlang bis zum Nacken des Partners und läßt ihn dann langsam zu Boden gleiten.

Hüfttragegriff

1. Beim Hüfttragegriff nimmt der Retter den Verunglückten im hüft- oder brusttiefen Wasser auf, indem er ihn oberhalb der Taille packt.

2. Die rechte Hand des Retters ergreift das rechte Handgelenk des Partners und zieht

3. - indem er sich bückt - seinen Arm über die Schulter in den Nacken. Dabei greift der Retter dem Partner in den Nacken, um den Kopf zu stützen.

4. Der Retter läßt das rechte Handgelenk des Partners los und umfaßt nun mit dem rechten Arm die Oberschenkel, während die linke Hand über dem Rücken die linke Seite des Partners hält.

Hüfttragegriff

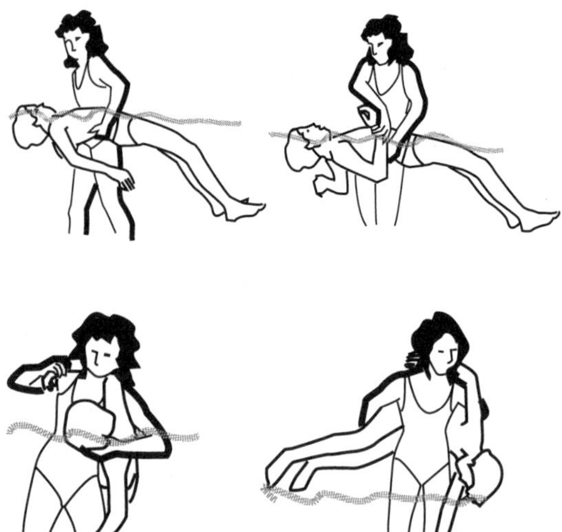

über die senkrechte Leiter

Viele Bäder verfügen über optisch zwar toll gestaltete Ein- oder Ausstiegshilfen, bei denen leider praktische Überlegungen nicht beachtet wurden. Dort, wo die Holme der Leiter senkrecht angebracht sind, kann man einen Bewusstlosen nur mit einigem Geschick aus dem Wasser bringen.

Der Bewusstlose wird mit dem Rücken gegen die Leiter gelehnt. Der Retter schiebt ein Knie zwischen die Beine des Verunglückten und die Hände unter den Achseln hindurch, damit er sich an den Holmen festhalten kann. Dann zieht der Retter die beiden Arme des Partners auf eine Schulter (Kopf des Retters ist unter der Achselhöhle).

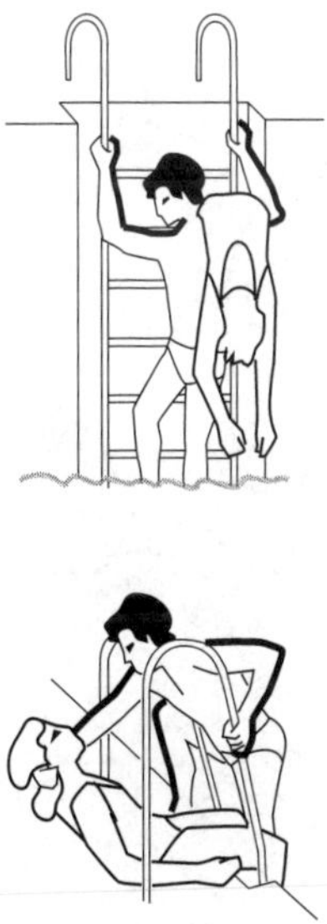

Nun atmet der Retter tief ein, taucht ab, ohne die Holme loszulassen, und läßt dabei den Verunglückten über seine Schulter fallen.

Sprosse für Sprosse steigt der Retter vorsichtig hoch. Sobald sich das Gesäß des Verunglückten etwas oberhalb der letzten Sprosse bzw. des Beckenrandes befindet, setzt ihn der Retter ab.

Der Retter löst die rechte Hand vom Holm, legt sie auf den Rücken des Partners und fährt, langsam sich aufrichtend, bis zu dessen Nacken und hält so den Kopf fest, bis der Verunglückte auf dem Boden liegt. Der Retter zieht dann den Partner an Land und überprüft die Vitalfunktionen.

über niedrige Becken-, Kai- oder Kanalmauern

Es erfordert viel Geschick, einen Bewusstlosen über eine Mauer aus dem Wasser zu bringen. Dabei ist auch die Beschaffenheit der Mauer:
- glatte Fliesen
- glattes Metall
- rauher Beton
- Steine mit Fugen

zu berücksichtigen.

MERKE:
Der “Bewusstlose” muß sich entspannen, sonst gibt es beim Üben Pannen!

Der Verunglückte wird zum Beckenrand gebracht.
Eine Hand oder beide Hände, die aufeinandergepresst werden, legt der Retter auf den Beckenrand, und drückt sich darauf, während er sich mit der anderen abstützt und sich auf den Beckenrand schwingt.

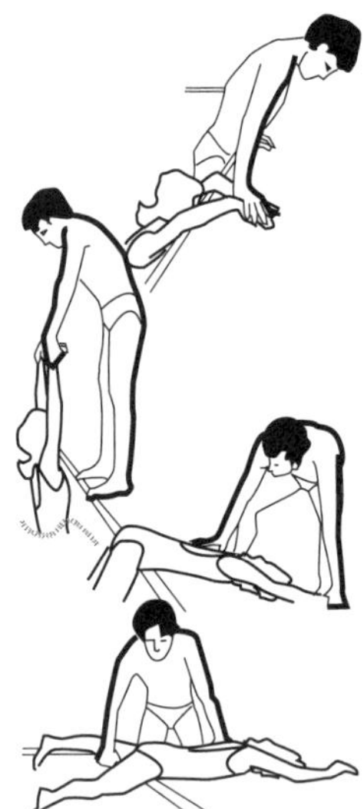

Jetzt gibt es zwei Möglichkeiten:

a: Bauch zum Beckenrand

Der Retter steht in Grätschstellung, packt den Partner an den Handgelenken, taucht ihn kurz ein und zieht ihn, den Auftrieb nützend, über den Beckenrand und dann bäuchlings aus der Gefahrenzone.

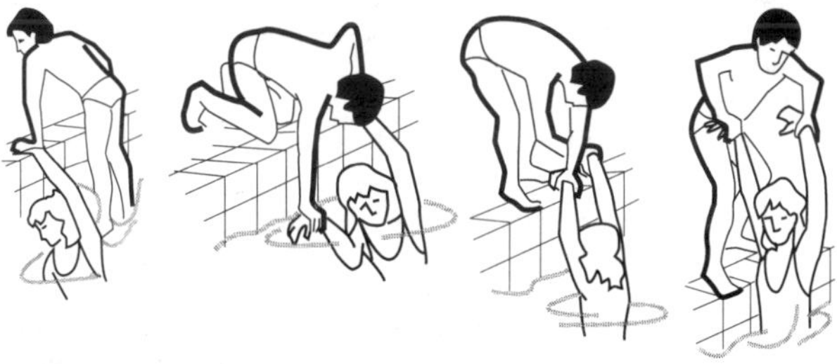

b: Rücken zum Beckenrand

über niedrige Becken-, Kai- oder Kanalmauern

Der Verunglückte befindet sich zunächst mit dem Bauch bzw. der Seite zum Beckenrand. Eine Hand, besser beide Hände, die aufeinander gepreßt werden, legt der Retter auf den Beckenrand (vgl. S. 50).

1. Falls nur eine Hand des Verunglückten auf den Beckenrand gebracht wurde, muß der Retter die zweite Hand herausholen. Das kann schwierig werden, wenn der Wasserspiegel sehr tief liegt und der Retter kurze Arme hat.
2. Mit überkreuzten Armen packt der Retter die Handgelenke des Verunglückten.
3. Der Retter taucht den Partner kurz ein, zieht ihn mit Schwung nach oben und dreht ihn dabei mit dem Rücken zur Wand und dann über den Beckenrand.
4. Der Retter lehnt anschließend den Verunglückten gegen seine Beine, greift ihm unter die Achseln und schleift ihn aus dem Gefahrenbereich, ehe er ihn, den Kopf stützend, ablegt, um weitere Maßnahmen durchzuführen.

Diese Art des Anlandbringens ist immer gefährlich, da - wenn der Verunglückte nicht hoch genug herausgezogen wird - Verletzungen auf der Vorderseite bzw. der Wirbelsäule möglich sind.

Ein kleiner Retter sollte stets den Verletzten mit dem Bauch zur Wand über den Beckenrand ziehen.

aus Becken mit Skandinavien-Ablaufrinne

Beim Schwimmbecken mit Skandinavien-Ablaufrinne befinden sich Wasserspiegel, Überlauf und Beckenumgang in einer Ebene.

Hier gibt es drei Möglichkeiten:

1. Wie eben beschrieben. Das Aussteigen ist für den Retter leichter.
2. Der Verunglückte wird parallel zum Beckenrand gebracht und über den Rand gerollt.
3. Nach Möglichkeit sollte man Bewusstlose mit der Trage aus dem Wasser holen, wenn der Verdacht auf eine Wirbelsäulenverletzung oder innere Verletzungen besteht. Daran muß man denken, wenn jemand beim Springen verunglückt.

Nach einem Sprung vom Turm prallte die Springerin mit Brust und Bauch auf und treibt nun regungslos im Wasser.

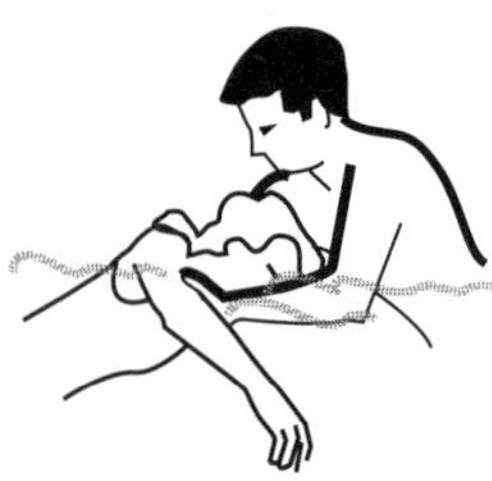

Der Retter greift mit der linken Hand unter die Achsel und legt die rechte Hand auf den Rücken der Schwimmerin.
Ohne den Rücken loszulassen, dreht er sie vorsichtig auf den Rücken.

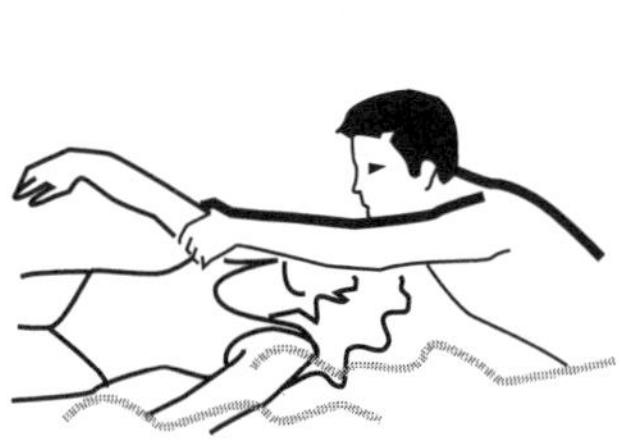

Der Retter läßt erst dann den rechten Arm los, wenn sie sicher auf dem Rücken liegt, den er noch immer mit seiner rechten Hand stützt.

mit der Trage aus dem Wasser

Mit der linken Hand überstreckt der Retter den Kopf.

Falls der Mund mit dem Kinn-Winkel-Griff geöffnet werden muß, übernimmt das Abstützen des Rückens ein zweiter Helfer.

Der erste Retter hält weiterhin den Kopf der Verunglückten stabil, bis die anderen Helfer die Trage bzw. das Rückenbrett vorsichtig untergeschoben haben.

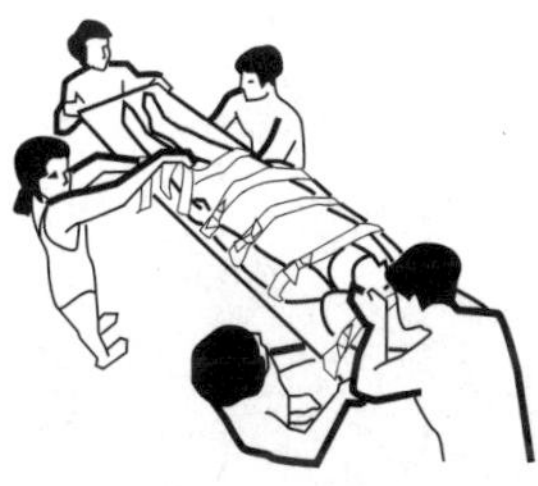

Noch im Wasser wird die Verletzte mit den Gurten gesichert.

Das ist keine Mumie, sondern das Beispiel, wie eine Maßnahme lehrbuchgerecht aussieht.

Ohne Hektik und Geschrei wird zum Schluß mit äußerster Vorsicht die Verunglückte an Land gebracht, wo - wenn die Rettungskette funktioniert hat - der Notarzt mit seinem Rettungsteam bereitsteht und weiteres veranlaßt.

Rettungshilfsmittel

Rettungs(hilfs)mittel sind Gegenstände, die eigens für die Wasserrettung entwickelt und angeschafft wurden.

Es gibt Rettungs(hilfs)mittel zum

- Zuwerfen (vom Ufer oder Boot aus)
- Zureichen
- Anschwimmen.

zum Zuwerfen

1. Rettungsleine

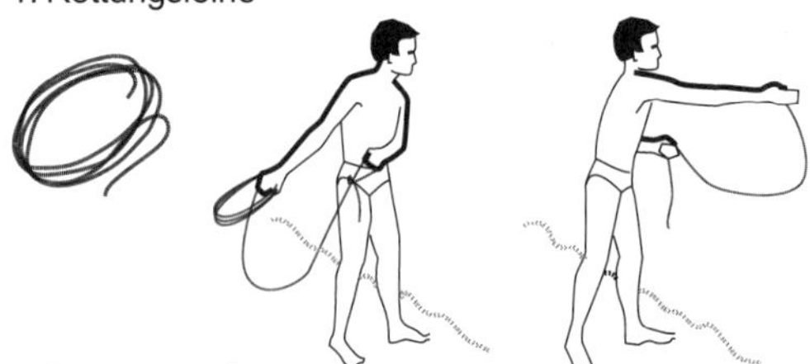

2. Rettungsball

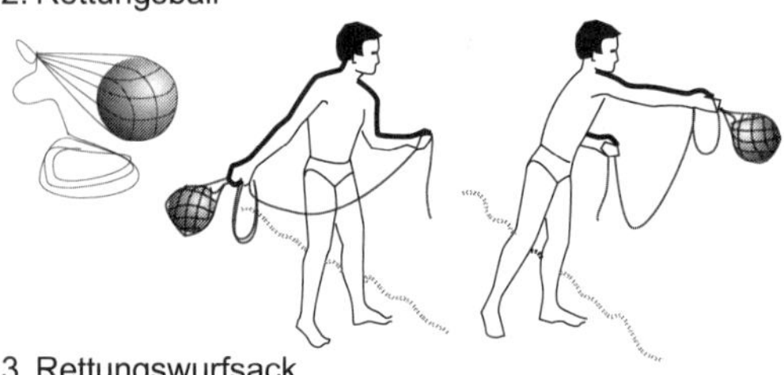

3. Rettungswurfsack

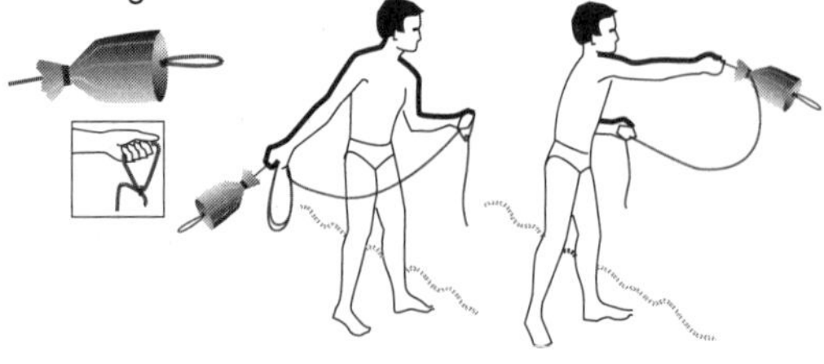

4. Rettungsring: schwer, ohne Leine
leicht, mit Leine

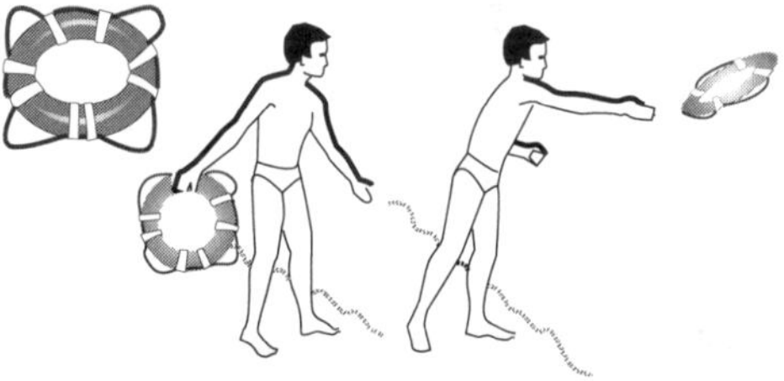

5. Rettungsstange

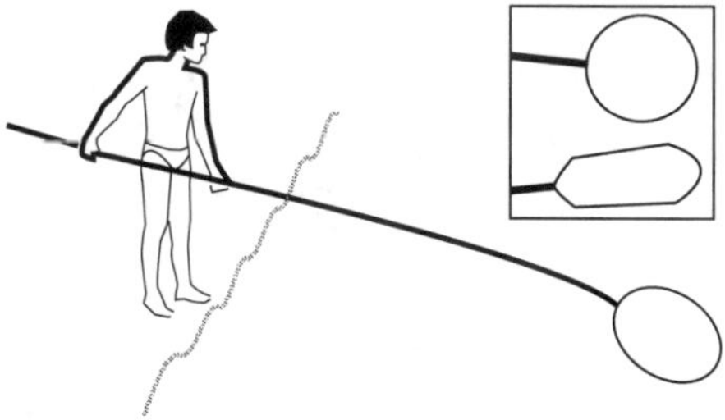

zum Zureichen

6. Rettungsboje

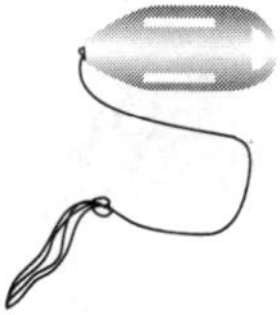

zum Anschwimmen

7. Rettungsschlauch

für den Retter

8. Rettungsgurt mit Leine

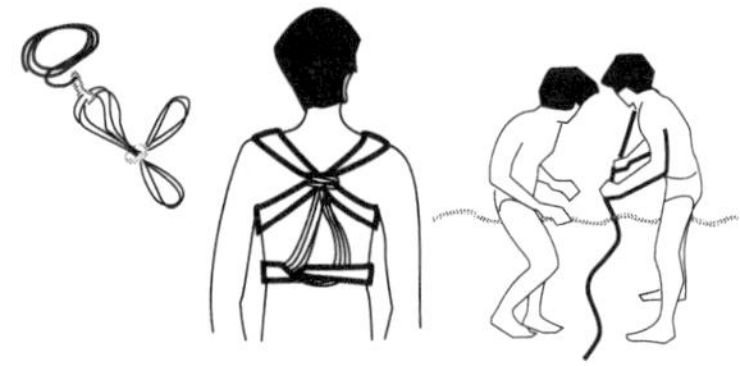

9. Rettungsschwimmbrett

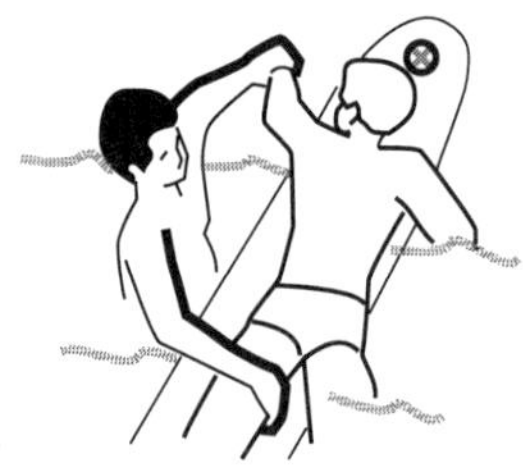

10. Eisrettungsschlitten

11. Sonstiges

- Schwimmwesten
- Tauchrettungswesten
- Tauchanzüge
- Flossen
- Tauchbrille } (ABC-Ausrüstung)
- Schnorchel

Helfen und Retten

Helfen und Retten - mit Verstand,
Herz und Technik

So kann man im Ernstfall Rettungs(hilfs)mittel einsetzen!

Und immer daran denken:

- Erkennen, was geschehen ist
- Überlegen, welche Gefahren drohen
- Handeln unter Berücksichtigung der jeweiligen Situation.

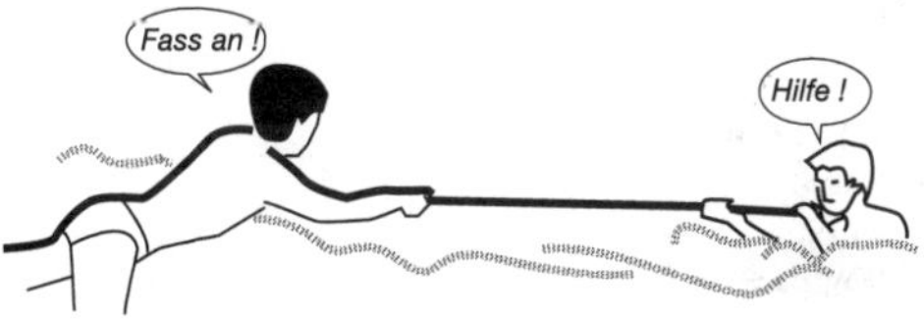

Rettungshilfsmittel

Rettungshilfsmittel sind Gegenstände, die zur Wasser- und Eisrettung geeignet und zufällig vorhanden sind.

- Gartentüre
- Ruderboot
- Bank
- Ast
- Stange
- Schirm
- Besen
- Schal
- Surfbrett
- Krücken
- Schwimmreifen
- Wäscheleine
- Brett
- Tisch
- Ski, Skistock
- Eispickel
- Leiter
- Schlitten
- Zaun
- Gürtel
- Hosenträger
- Luftmatratze
- Autoschlauch
- Abschleppseil

Diese Hilfsmittel kann man im Notfall verwenden,um sich den Ertrinkenden "vom Hals zu halten", aber auch, um ihm eine Chance zu geben, einigermaßen gut aus der gefährlichen, nassen Situation herauszukommen.

Es gilt: **Gefahren erkennen!**
Gefahren begegnen!

Darum: **Baderegeln beachten!**

Die Rettungskette

Chancen nach der Rettung: Zurück ins Leben

Jede Kette ist so stark, wie ihr schwächstes Glied.

Das Retten aus der Gefahrenzone Wasser ist der eine Teil der Sofortmaßnahmen, die Wiederbelebung der andere.

Schon im Wasser muß der Retter herausfinden, ob der Verunglückte bei Bewusstsein und ansprechbar ist, atmet und Puls hat: Kontrolle der Vitalfunktionen!
Beim Retten mit
- Boot
- Schwimmbrett
- Rettungsboje, -ball oder -schlauch
- weiteren Helfern

läßt sich das leichter feststellen, als beim Retten durch Anschwimmen ohne Partner und Hilfsmittel.

Sobald der Retter Grund unter den Füßen spürt, also im seichten Wasser, muß er die Vitalfunktionen kontrollieren. Fehlt die Atmung, so muß der Kopf überstreckt werden. Setzt die Atmung nicht ein, versucht es der Retter mit der Atemspende von Mund-zu-Nase oder Mund-zu-Mund.

Die Atemspende im Wasser ist möglich, aber sehr schwierig.

An der Ausstiegsleiter im Schwimmbad

Sofortmaßnahmen

Retter auf dem Beckenrand, Verunglückter im Wasser

Im seichten Wasser

Auf dem Rettungsschwimmbrett

Sofortmaßnahmen

Falls notwendig, muß die Wiederbelebung durchgeführt werden, entsprechend dem aus der Ersten-Hilfe bekannten Handlungsablauf beim Auffinden einer Person.

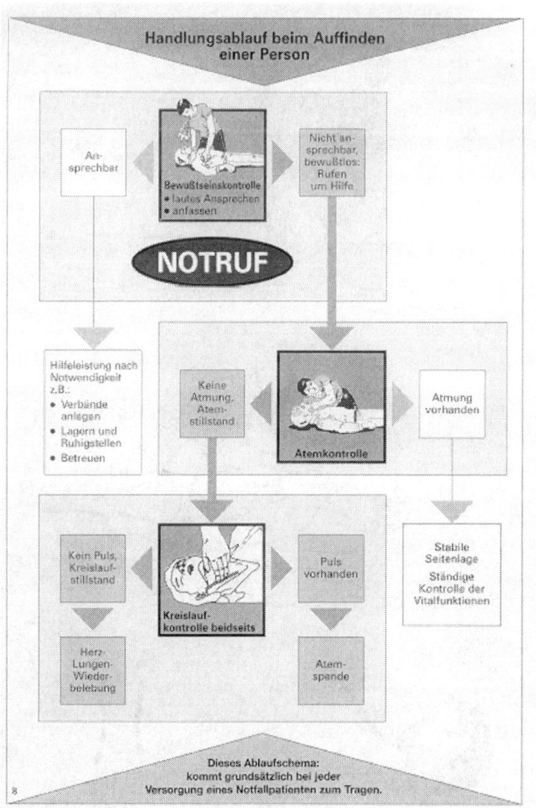

Ein sicheres Feststellen der Vitalfunktionen ist die Voraussetzung für die Auswahl der nachfolgenden richtigen Maßnahmen.

Sofortmaßnahmen

Bewusstseinskontrolle

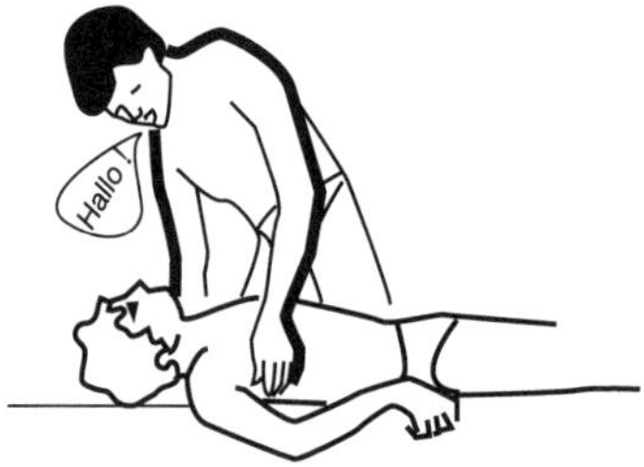

Atemkontrolle

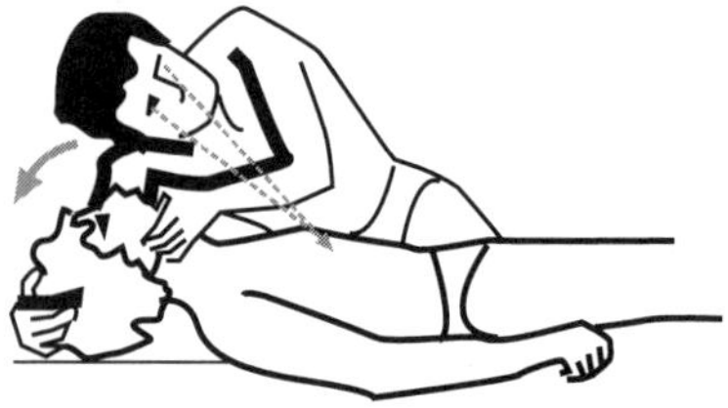

Kreislaufkontrolle

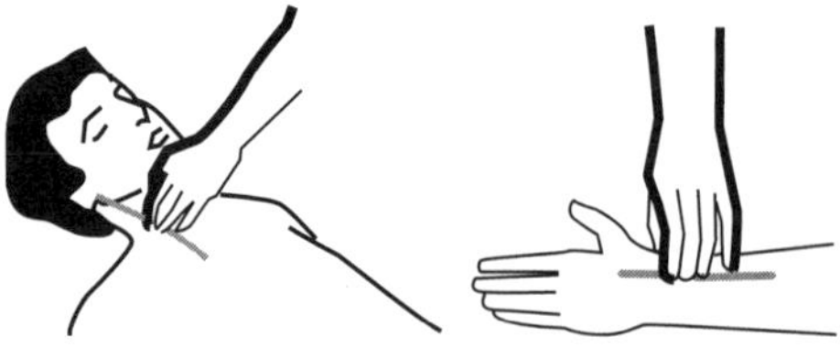

Ein Herz-Kreislauf-Stillstand ist gekennzeichnet durch
- Bewusstlosigkeit
- Atemstillstand
- Pulslosigkeit

Diese drei Kennzeichen müssen **alle gleichzeitig** vorhanden sein.

Ein Herz-Kreislauf-Stillstand führt innerhalb weniger Minuten wegen Sauerstoffmangels im Gehirn zu irreparablen, d.h. nicht mehr rückgängig zu machenden Schäden.

Sofortmaßnahmen

Der NOTRUF muß so bald wie möglich erfolgen, ohne die Maßnahme zu verzögern.

Atemspende und Herzdruckmassage = Herz-Lungen-Wiederbelebung (HLW)

Die Herz-Lungen-Wiederbelebung (HLW) ist eine Verbindung von
- Atemspende
  und
- Herzdruckmassage.

Beide müssen
- exakt
- und kontinuierlich

so lange durchgeführt werden, bis
- Rettungspersonal (Notarzt und Rettungsassistenten bzw. -sanitäter) eintrifft,

- der Puls an der Halsschlagader in ausreichender Schlagfolge tastbar ist,

- die Atmung wieder einsetzt.

Sollte nach dem Wiedereinsetzen der Kreislauftätigkeit keine Atmung festzustellen sein, wird weiterhin die Atemspende gegeben.

Kehrt die Atmung zurück, aber das Bewusstsein noch nicht, wird der Verunglückte in die stabile Seitenlage gebracht.

Das Atmen muß
- fühlbar
- sichtbar
- hörbar
sein.

Atemstillstand

Atemkontrolle:
- keine sichtbaren Atembewegungen (**Beobachten** des Brustkorbes)
- kein fühlbarer Atem (**Fühlen** mit der Wange)
- kein hörbares Atemgeräusch (**Hören** an Mund und Nase)

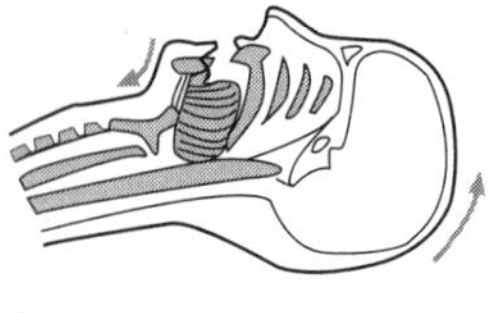

Atemwege verlegt

Kennzeichen für einen Atemstillstand sind:
- bläulich-blasses Aussehen
- blaue Lippen
- fehlende Bewegungen von Brustkorb und Bauchdecke
- fehlende Atemgeräusche.

Ursachen, die zum Atemstillstand führen können, sind:

- Verlegung der Atemwege durch
  * Einatmen von
    Wasser
    Nahrung
    Erbrochenem
- Schwellung in Mund- und Rachenraum
  * nach Insektenstich
- Zurückfallen der Zunge bei Bewusstlosigkeit
- Belastung des Brustkorbes (Verschüttung, Einquetschung)
- Sauerstoffmangel in der Atemluft
- Verletzung von Brustkorb und Lunge
- Schädigung des Atemzentrums durch
  * Gewalteinwirkung im Bereich der Halswirbelsäule
  * Gifte
  * elektrischen Strom
- Erkrankung der Atmungsorgane.

Atemspende

Zuerst Mundraumkontrolle. Das Freimachen der Atemwege geschieht durch das Überstrecken des Halses, indem der Kopf nackenwärts bewegt wird.

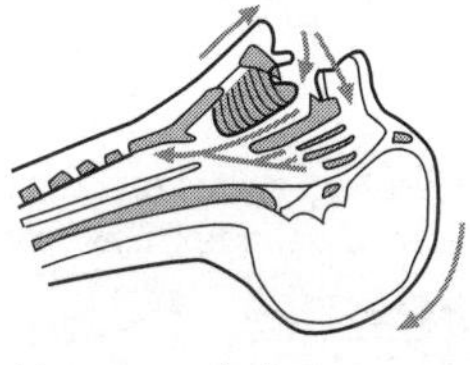
Atemwege frei

Ist die Nase verletzt oder beim Einblasen nicht durchlässig, so sollte man die Beatmung von Mund-zu-Mund durchführen.

Atemspende

Dazu muß man den Kopf überstrecken und danach die Hand unter den Nacken nehmen, damit der Kopf nicht zurückrutscht.

Mit Daumen und Zeigefinger verschließt man die Nase, holt tief Luft und bläst, die Lippen um den Mund des Verletzten legend, dem Bewusstlosen den Atem ein. Wie bei der Mund-zu-Nase-Methode kontrolliert man während des erneuten Luftholens mit einem Blick auf den Brustkorb, ob er sich bewegt.

Geübt wird nur am Phantom, an der Beatmungspuppe! Niemals am lebenden Menschen!

Lage des Herzens

Das Herz liegt zwischen Brustbein und Halswirbelsäule über dem Zwerchfell. Die Spitze ist nach links gedreht.

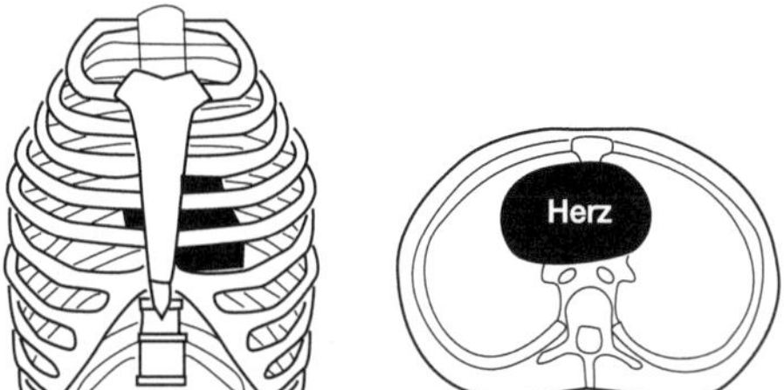

Um eine ausreichende Zirkulation zu erreichen, d.h. damit das Blut wieder durch den Körper fließt, muß die Herzdruckmassage ganz exakt durchgeführt werden.

Beginn der Herzdruckmassage:

Herzdruck-massage

1. Auf harte Unterlage legen
2. Oberkörper freimachen
3. 2 mal Atemspende
4. Druckpunkt aufsuchen
5. 15 mal Herzdruckmassage
   - dann zyklisch wiederkehrend
     2 mal Atemspende
     15 mal Herzdruckmassage
6. Notruf mit dem Zusatz
   Herz-Kreislauf-Stillstand

Druckpunkt aufsuchen

Mit gestreckten Armen durch Gewichtsverlagerung des eigenen Oberkörpers das Brustbein vier bis fünf cm eindrücken.

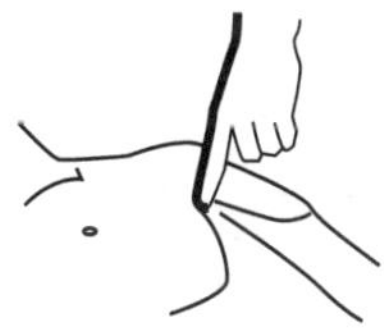

An der Seite des Verunglückten knien und mit einem Finger den Schwertfortsatz suchen.

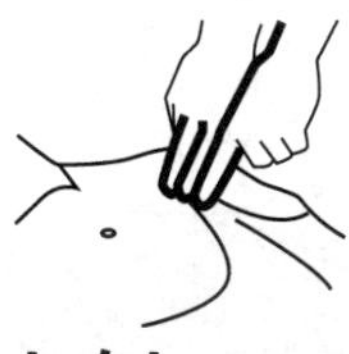

Zwei Finger der anderen Hand in Richtung Hals daneben legen.

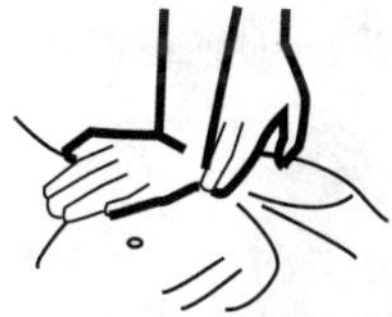

Aufsetzen des Handballens direkt daneben in Richtung Hals.

Beim Erwachsenen mit zweiter Hand unterstützen.

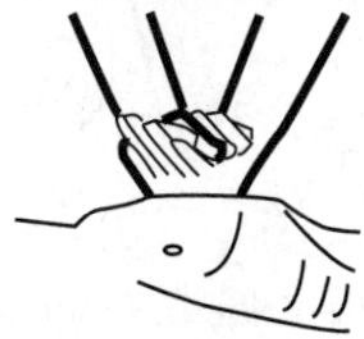

Keine zusätzlichen Schädigungen!

- Der Druckpunkt muß exakt aufgesucht und beibehalten werden.
- Setzt man seitlich daneben auf, verliert der Druck an Wirkung. Rippen können brechen.
- Druckpunkt zu hoch: Gefahr für das Brustbein.
- Druckpunkt zu tief: Gefahr für Bauchorgane. (Verletzungen)
- Sollten trotz aller Vorsicht Rippen brechen, muß man die HLW fortsetzen.

Der Gesamtablauf der Herz-Lungen-Wiederbelebung:

HLW

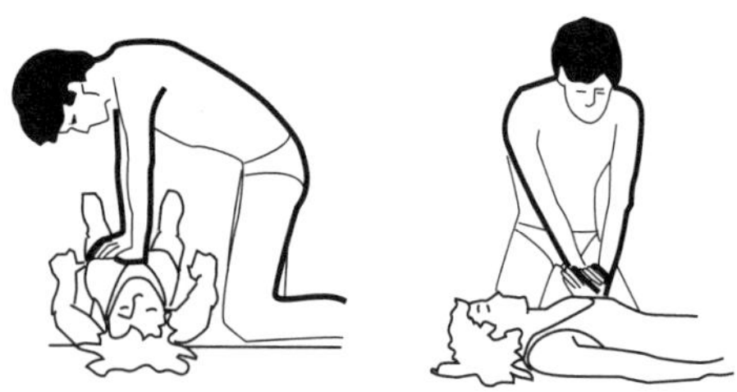

Druckpunkt ermitteln und Handballen aufsetzen

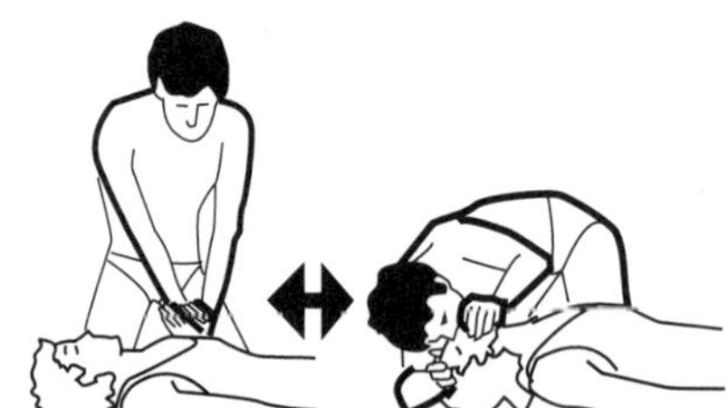

Reihenfolge: 2 x Atemspende —— 15 mal Druck
TIP: Laut zählen!

Die HLW wird ohne Unterbrechung durchgeführt, bis der Patient atmet oder sich bewegt. ~~**Die früher gelehrten Erfolgskontrollen entfallen!**~~

Schneller Wechsel von

Herzdruck-massage

zur Atemspende

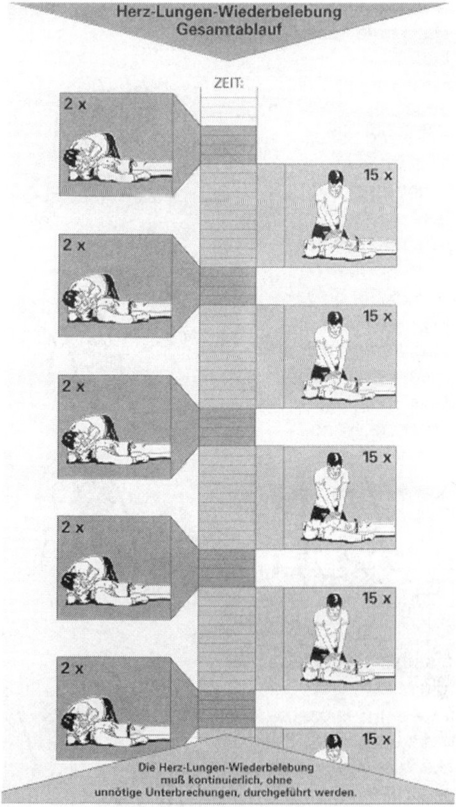

Nicht immer muß bei einem Notfall im und am Wasser die HLW durchgeführt werden.

1. Wunden versorgen
2. Schock bekämpfen
3. Verungückte richtig lagern, bis der Rettungsdienst eintrifft.

Stabile Seitenlage

Stabile Seitenlage

1. Hüfte anfassen und anheben, Hand unterschieben
2. Körpernahes Bein aufstellen
3. Hüfte und Schulter fassen ...
4. ... und zu sich drehen
5. Arm nach hinten herausziehen und abwinkeln
6. Kopf weit überstrecken, damit Atemwege frei werden, und Finger unter die Wange legen.

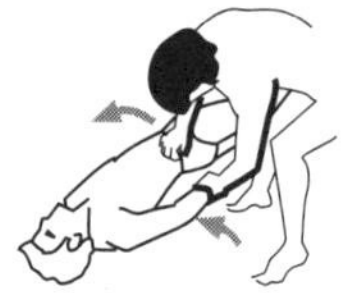

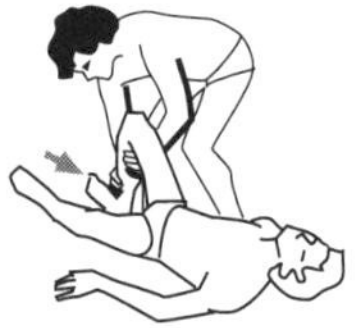

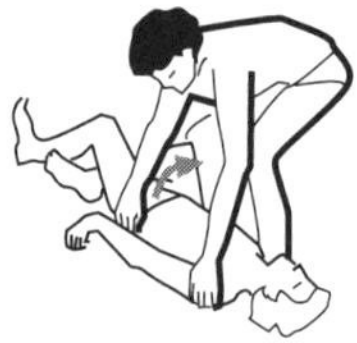

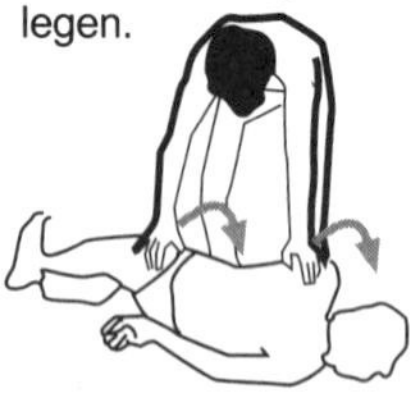

Die stabile Seitenlage ist die Maßnahme, um bei einem Bewusstlosen die Gefahr des Erstickens zu vermindern bzw. zu verhindern.

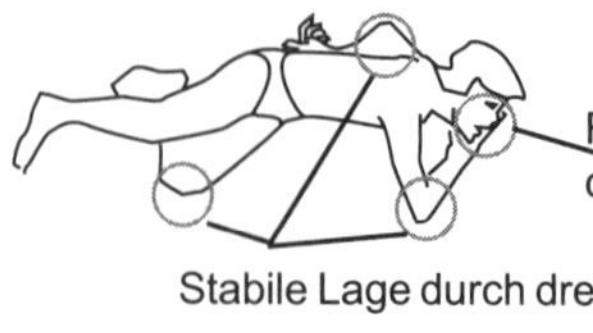

Notruf

Alle reden vom NOTRUF, aber ...
... wie geht das?

Mit Brieftauben, Buschtrommeln und Rauchzeichen wohl kaum!
In Städten und Gemeinden gibt es öffentliche Telefone und Notrufmelder.
Im Schwimmbad stehen Telefon und/oder Funk zur Verfügung.
Problematisch wird es am Freigewässer.
Nicht jeder hat ein Telefon dabei.

Der NOTRUF muß
- schnell
- richtig
- zuverlässig

abgesetzt, d.h. weitergegeben werden.
Weitergeben heißt:
- anrufen (Handy - 112 ist kostenfrei)
- faxen
- funken

Auch wenn man noch so aufgeregt ist, muß man Ruhe bewahren. Das bedeutet: langsam und deutlich sprechen, sonst muß von der Rettungsleitstelle, Feuerwehr und/oder Polizei nachgefragt werden, und das kostet mehr Zeit als eine langsam gesprochene Notfallmeldung!
Schon auf dem Weg zum Telefon sollte man an die fünf W-Fragen denken:

Wo ist der Unfallort?	z.B. Südufer am Baggersee A-dorf
Was ist geschehen?	z.B. Ruderboot gekentert
Wie viele Betroffene ?	z.B. drei Kinder
Welche Verletzungen ?	z.B. Armbruch
Warten auf Rückfragen	Leitstelle beendet Gespräch

Aufträge erteilen, wenn mehrere Leute da sind
- anrufen
- dem Rettungsdienst den Weg zeigen
- Verbandsmaterial oder Decken besorgen
- Angehörige verständigen.

Erste-Hilfe Bis der Rettungsdienst eintrifft, leistet der Retter Erste-Hilfe. Er
- läßt nasse Kleidung ausziehen und sorgt für trokkene bzw. wärmende Decken; auch bei hochsommerlichen Temperaturen
- beruhigt den (die) Verunglückten
- lagert sie bequem
- stellt bei Verdacht auf Knochenbruch die Gliedmaßen ruhig
- legt Verbände an

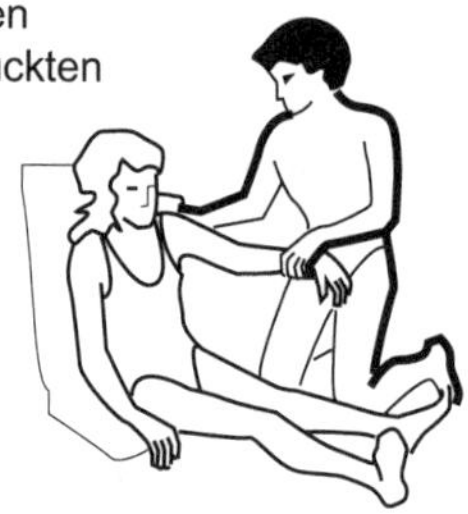

Rettungsdienst **Der Rettungsdienst**
- zu Lande: Notarzt, Rettungs- bzw. Krankentransportwagen

- zu Wasser: Motorrettungsboot

- in der Luft: Rettungs-hubschrauber

übernimmt durch Fachpersonal die Weiterversorgung des (der) Verunglückten.

Krankenhaus

Das letzte Glied der Rettungskette ist das Krankenhaus. Hier wird der Verunglückte untersucht und behandelt.

Auch junge Rettungsschwimmer können helfen, die ersten drei Glieder der Rettungskette zu stärken !
Wie ?

Durch
- Wiederholen der im DRSA Bronze geforderten Leistungen
- Erwerb des DRSA-Silber
- Mitgliedschaft in der Wasserwacht.

Das geht am besten in der Gruppe!

TATORT:
Wasser

VER-
DÄCHTIGE
und
TÄTER:

Leo
Leichtsinn

Uli
Unter-
schätzung

Molli
Missachtung

Bei allergrösster
Hitze
spring nur munter
in die Pfütze!

Schlag dir den
Magen richtig voll,
dann ab ins Wasser!
- Das ist toll!

Willst wohl ein Held
sein? - Das ist fein!
Spring überall
ins Wasser rein!

Im Tiefen
schwimmt's sich
leichter!
Dahinter wird das
Wasser seichter!

Wenn Salto, Köpfer,
Bombe kommen,
wird unterm
Sprungbrett
durchgeschwommen.
Das ist ein alter
Schwimmbadbrauch.
Versuch's einmal!
Das schaffst du auch!

Drogen, Alkohol.
Tabletten un-
geahnte Kräfte
wecken.
Steigst du ins
Wasser rein sodann,
fühlst du dich gleich
als Supermann!

“Bin nach der Arbeit
müd‘ und schlapp:
Ein frisches Bad
bringt mich auf Trab!”
“Meinst du, mein Freund?
Du gehst k.o.!”
“Na, und? - Man stirbt
ja sowieso!”

Kurze Strecken,
welch ein Schmarren,
taugen nur
für alte Narren!
* Als Dauerschwimmer,
der ich bin,
kraul ich erst
zum Leuchtturm hin
und dann hinüber
auf die Insel!
Was seid ihr doch
für Einfaltspinsel!
** Danach treib‘ ich
zum Strand ein Stück.
Bei Ebbe fließt
das Meer zurück!
Ich sammle Muscheln
allerhand.
Vielleicht ruht auch
ein Schatz im Sand!

Eine hat das aufgeschrieben. Frag mal: Wo ist sie geblieben?

(K)ein Hilfeschrei aus dem Wasser: Was nun ?

Kann ich
Darf ich — handeln ?
Soll ich
Muß ich

Anderen in Not zu helfen, ist eine moralische Verpflichtung! Denke immer daran: Wie wäre es mir zu Mute, wenn ich in Not wäre und niemand will mir helfen. Leider gibt es viele Leute, die benehmen sich wie die drei berühmt-berüchtigten Affen:

- Nichts sehen!
- Nichts hören!
- Nichts sagen!

Das Schlimmste aber ist:
- Nichts tun!

§ 323c StGB Weil es so viele lieblose Zeitgenossen gibt, mußte der Gesetzgeber jedermann zur aktiven Hilfeleistung verpflichten. Das regelt der Paragraph (=§) 323c StGB (Strafgesetzbuch).

Er besagt:
Wer es unterläßt, Hilfe zu leisten, obwohl er /sie dazu grundsätzlich in der Lage war, wird mit
- Gefängnis bis zu einem Jahr
  oder mit
- Geldstrafe bestraft.

Der Gesetzgeber verpflichtet jedermann zur Hilfeleistung, aber er gewährt dem Helfer auch einen Versicherungsschutz gegen die Folgen von Unfällen bei einer Hilfeleistung.

§ 539 RVO Das regelt § 539 RVO (Reichsversicherungsordnung) (Einzelheiten sind im Lehrbuch Rettungsschwimmen oder im Nachschlagebuch Erste-Hilfe zu lesen).

Jede Rettung ist mit Gefahren für den Retter verbunden. Deshalb gilt:

- **Erkennen,** was geschehen ist
- **Überlegen,** welche Gefahren auch dem Retter drohen
- **Handeln** unter Berücksichtigung der jeweiligen Situation.

Rettungen sind zu unterlassen, wenn die Situation **aussichtslos** erscheint! Der NOTRUF muß auf jeden Fall abgesetzt werden!

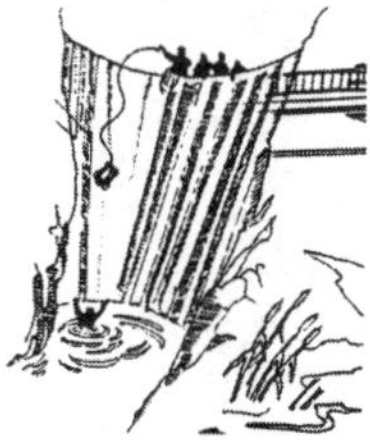

Aussichtslose Situationen:
- zu hoher Standpunkt des Retters (Brücke)
- in Sturzbächen mit Geröll
- oberhalb von Wasserfällen und Wehren
- in Wasserwalzen
- in Strudeln
- vor Turbineneingängen und Rohrfassungen
- in Stromschnellen
- in Wildwassern
- bei ungenügenden Sicherungsmöglichkeiten
- bei fehlenden Rettungs(hilfs)mitteln
- wenn der Retter dem Verunglückten körperlich unterlegen ist
- wenn der Retter gesundheitliche Probleme hat
- bei starker Meeresbrandung
- bei einsetzender Ebbe.

Rettung vom Ufer aus

1. Grundsatz

Im Hallen- und Freibad ist es einfacher, abzuschätzen, ob ein Badegast Auftriebsübungen macht oder sich als "toter Mann" entspannt. Im Freigewässer wird es wegen der größeren Entfernung schwieriger, sich mit einem möglicherweise in Wassernot geratenen Menschen zu verständigen, vorausgesetzt, der Betroffene ist überhaupt bei Bewusstsein. Die Rettung sollte vom Ufer aus erfolgen.

- Zurufen!
- Zureichen!
- Zuwerfen!

Mit kräftiger Stimme langsam und deutlich Verhaltensmaßnahmen zurufen. Gebärden können das Gesagte veranschaulichen:

- "Nicht strampeln!"
- "Auf den Rücken legen! Lang ausstrecken!"
- "Langsam und tief durchatmen!"
- "Schieb dich auf das Eis!"

Wenn keine Rettungs(hilfs)mittel zur Verfügung stehen, versuchen, aus dem Greifbaren etwas zu machen:

- Ast abreißen
- Gürtel, Hosenträger, Krawatten, Schals zusammenbinden und zuwerfen
- Abschleppseil aus dem Auto zuwerfen
- schwimmfähige Gegenstände zureichen.

Rettung mit dem Boot

2. Grundsatz

Ist eine Hilfe von Land aus nicht möglich, sollte man sich nach einem Boot und weiteren Helfern umsehen. Steht ein Motorrettungsboot der Wasserwacht nicht zur Verfügung, darf man nach § 904 BGB (Bürgerliches Gesetzbuch) bei Notstand auch ein fremdes Boot verwenden.

Der Retter muß
- Ruhe bewahren
- beim Hinrudern den Verunglückten im Auge behalten
- klare Anweisungen geben
- den Verunglückten unter äußerster Vorsicht über das Heck ins Boot ziehen, damit es nicht kentert.

Das Retten mit dem Boot bietet den Vorteil, dass notfalls sofort mit der Wiederbelebung begonnen werden kann.
Außerdem spart der Retter Kräfte.

Wenn sich der Hilfsbedürftige am Ruderblatt festhält, drückt der Retter das andere Ende des Riemens nach unten.

Rettung mit dem Boot

Ist der Verunglückte bei Bewusstsein, aber für den Retter zu schwer, so kann er mit Hilfe einer Leine am Boot festgebunden werden. Fehlt eine Leine, so zieht der Retter die Hände des Verunglückten über den Bootsrand und setzt sich darauf.
Es muß in jedem Fall um Hilfe gerufen werden. Für einen einzigen Retter ist es kaum möglich,
- den Verunglückten festzuhalten
- den Verunglückten und das Ufer zu beobachten
- und dabei noch zu rudern und zu wriggen.

Mußte der Retter das Boot verlassen, um dem Verunglückten nachzutauchen, so darf er keine hastigen Bewegungen machen. Die Technik des Ins-Boot-Bringens ist ähnlich dem An-Land-Bringen über den Beckenrand.

Zwei haben bessere Chancen

Zwei oder mehr Retter in einem Boot haben bessere Chancen. Der zweite Retter kann
- den Ruderer einweisen
- das Boot ausbalancieren
- den Verunglückten an und in das Boot ziehen bzw. festbinden oder festhalten
- dem Verunglückten nachtauchen
- Wiederbelebungsmaßnahmen vorbereiten bzw. durchführen.

Ist eine Rettung vom Ufer bzw. mit einem Boot nicht möglich, muß mit schwimmfähigen Hilfsmitteln angeschwommen werden, um auf jeden Fall einen

Körperkontakt vermeiden!

Körperkontakt mit dem Hilfsbedürftigen zu **vermeiden,** damit er den Retter nicht umklammern kann. Besser ist es, wenn zwei oder mehr Retter mit Hilfsmitteln anschwimmen und diese dem Verunglückten zureichen. Die beteiligten Retter sprechen ab, wer den Verunglückten ablenkt und wer ihn aufnimmt, ehe man an einen gemeinsamen Transport denkt.

Nach Möglichkeit sollte einer der Retter
- auf die Situation aufmerksam machen
- um Hilfe rufen
- Bootsfahrer, Segler und Surfer bzw. andere Schwimmer herbeiwinken
- und sie in die Rettungsmaßnahme mit einbeziehen.

Retten durch Anschwimmen

Ausnahmen: Sind keine ausreichenden Hilfsmittel in der Nähe und der Ertrinkende treibt reglos auf dem Wasser (z.B. Lähmungsphase) kann angeschwommen werden. Vorsicht bei Kleinkindern! In Panik entwickeln sie nicht zu unterschätzende Kräfte, die auch einen körperlich sehr überlegenen Retter in Lebensgefahr bringen.

Nur mit schwimmfähigen Hilfsmitteln!

Für jugendliche Retter gelten besondere Grundsätze!

Achtung! Lebensgefahr! Der jugendliche Retter hat jede unmittelbare Berührung mit dem Ertrinkenden zu vermeiden, so lange dieser bei Bewusstsein ist.

Helfen und Retten mit Verstand, Herz und Technik Zum wiederholten Male: Kein Körperkontakt mit einem Ertrinkenden oder Hilfsbedürftigen! Manchmal müssen wir spontan helfen, weil die Suche nach Hilfsmitteln mit einem zu hohen Zeitverlust verbunden ist. Das ist auch im seichten Bereich mit Risiko verbunden, aber wenn mehrere Leute da sind und Grund unter den Füßen zu spüren ist, besteht die Möglichkeit eine Kette zu bilden.

Drei Voraussetzungen:

"Kette" 1. Der Untergrund in Ufernähe ist bekannt
- Tiefe
- Schlamm
- Steine

2. Es müssen Erwachsene dabei sein!

3. Es muß Verlaß auf die jugendlichen Helfer sein, das heißt: Zupacken!

Auch wenn die “Spannung” der Kette zu stark wird - das spürt man am Ziehen in den eigenen Handgelenken - darf man keinesfalls loslassen.

Kette

ACHTUNG:
Auch ohne Glatteis besteht Rutschgefahr, nämlich dann, wenn man zuvor Hautcreme aufgetragen hat!

Der Retter, der dem Verunglückten am nächsten kommt, sollte - wenn gar nichts anderes vorhanden ist - wenigstens ein Handtuch oder Kleidungsstück mitnehmen, und das dem Hilfsbedürftigen geben bzw. ihn damit umfangen und ihn beruhigen, ehe er das Kommando "Zurück zum Ufer!" gibt.

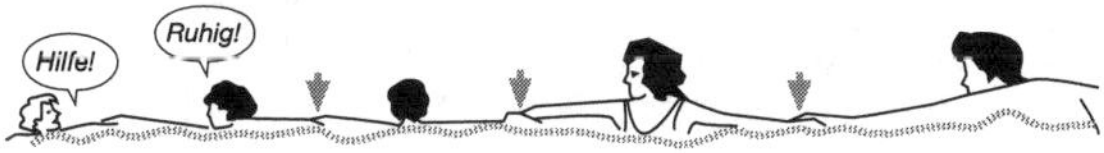

Wenn der Retter Grund unter den Füßen hat, kann er mit dem Rettungsring oder einem Autoschlauch helfen.

Helfen und Retten im seichten Bereich

Verunglückter hält sich fest.
Retter sichert die Leine, falls kein zweiter Helfer am Ufer steht.

im seichten Bereich Retter läßt den Hilfsbedürftigen nicht aus den Augen, während er ihn in Richtung Ufer zieht.

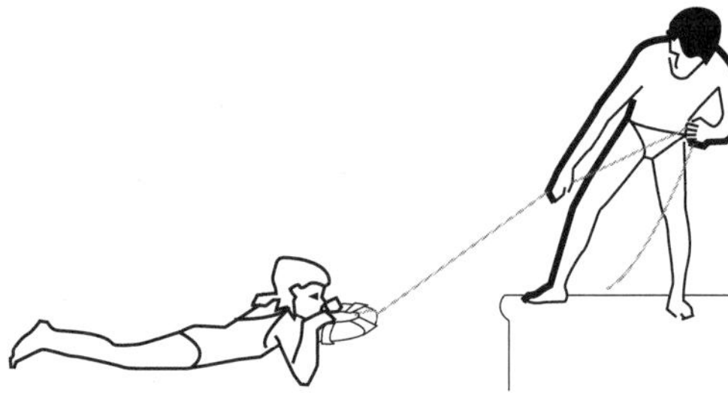

Ein müder Schwimmer wird gestützt.

Hat der Retter Grund unter den Füßen, gibt es mehrere Möglichkeiten, wenn sich der Verunglückte passiv verhält.

Wenn das Haar lang ist

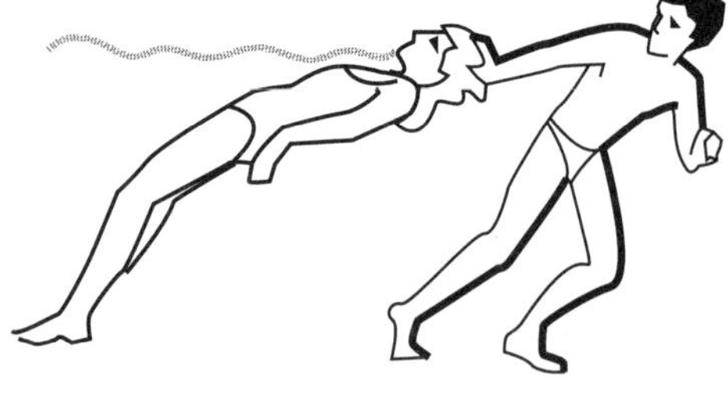

im seichten Bereich

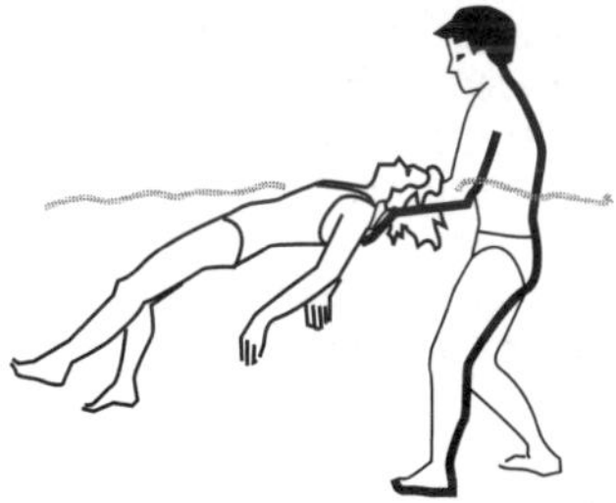

Achselgriff:
Das Gesicht muß über Wasser sein.

Handgelenkgriff:
Unterarmseite zeigt nach oben.

Kragengriff:
Kopf ruht auf dem Unterarm des Retters,

"Bauchlandung" für Helfer
- am Handgelenk zupacken
- ans Ufer ziehen
- an Land bringen

und am Swimmingpool.

Bei fließenden Gewässern

Das Retten aus fließenden Gewässern gestaltet sich meist schwieriger als im ruhenden Wasser:
- Strömungsverhältnisse
- Strömungsgeschwindigkeiten
- unterschiedliche Wassertiefen
- Flußbiegungen
- Hindernisse unter Wasser

sind zu berücksichtigen.

Auch hier gilt:
- vom Ufer aus retten
- vom Boot aus retten
- Anschwimmen nur mit Hilfsmitteln
- Anschwimmen mit Leinensicherung.

Retter an die Leine

Schwimmfähige Rettungs(hilfs)mittel werden oberhalb des Verunglückten zugeworfen, damit die Gegenstände auf ihn zutreiben und er sie erfassen kann.
Muß angeschwommen werden, so überquert der Retter den Fluß genau quer zur Strömung.

Rettung mit dem Rettungsgurt

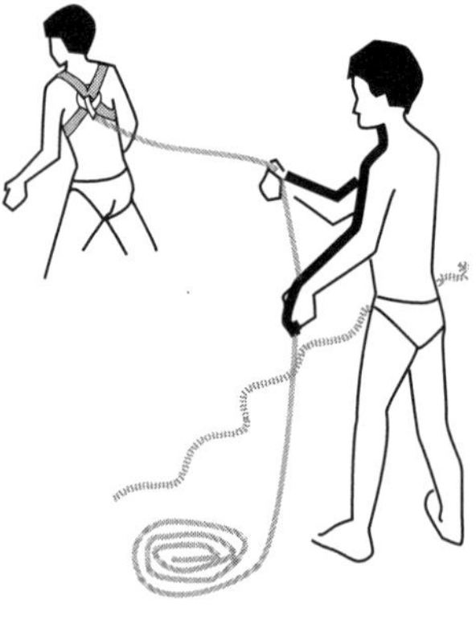

Wichtig: Der Helfer muß die Leine sichern, damit er den Retter samt Verunglückten sofort zum Ufer ziehen kann.

Retten aus dem Eis

In das Eis eingebrochen: Was nun?
An und in winterlichen Gewässern lauern Gefahren. Wer - aus welchen Gründen auch immer - bei den sehr niedrigen Temperaturen ins Freigewässer gerät, wird auf Grund der sehr rasch eintretenden Unterkühlung große gesundheitliche Probleme bekommen, die bis zur Bewusstlosigkeit und zum Tod führen können. Besonders schlimm wird es, wenn ein Mensch ins Eis einbricht. Er muß Ruhe bewahren und versuchen, nicht unter das Eis zu geraten, vor allem nicht in fließenden Gewässern.

Ruhe bewahren!

Nicht unter das Eis geraten!

Der Verunglückte sollte noch rechtzeitig um Hilfe rufen und sich evtl. selbst retten.
Keine hastigen Bewegungen!

Um Hilfe rufen!

Selbstrettung

Bei dünner Eisdecke versuchen, mit Unterarmen und Fäusten den Eisrand Richtung Ufer durchzubrechen oder - falls das nicht möglich ist - sich auf das Eis zu schieben.

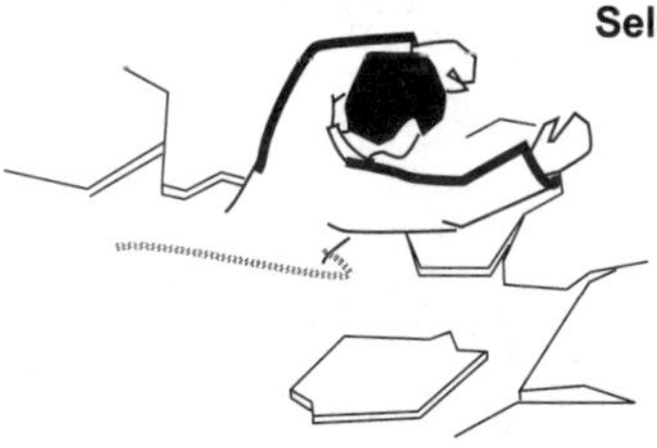

Bei dicker Eisdecke in Brust-, Seiten- oder Rückenlage sich auf das Eis schieben und vorsichtig zum Ufer rollen.
Keinesfalls aufstehen!

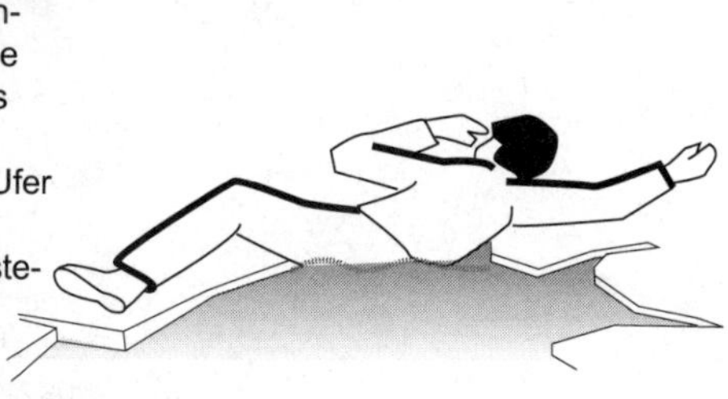

Fremdrettung

Nach Rettungsgeräten
- Kahn
- Eisschlitten

Ausschau halten.

Verunglückten beruhigen.

Rettung vom Ufer aus mit
- Stangen
- Leitern
- Brettern
- Tisch
- Skistöcken
- Eispickel

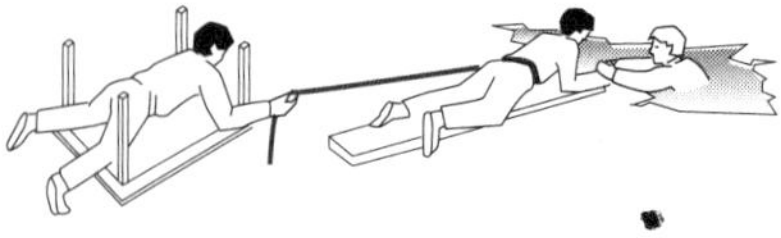

Sich nie aufrecht der Einbruchstelle nähern!

Falls keine Rettungs(hilfs)mittel vorhanden sind:
- in Bauchlage eine Kette bilden
- sich vorsichtig zur Einbruchstelle schieben
- vorderster Retter reicht
  * Schal
  * Handtuch
  * Kleidungsstück

dem Verunglückten zu, der sich daran festhalten soll.

Auf Kommando kriechen die Retter vorsichtig rückwärts und ziehen den Verunglückten heraus.

Ist der Verunglückte unter das Eis geraten, darf der Retter ohne Tauchausrüstung nur einmal und nicht länger als 20 Sekunden tauchen. Der Retter muß durch eine Leine gesichert sein.

Eine Eisrettung erfordert viel
- Mut
- Willeneinsatz
- Kraft
- gute Nerven!

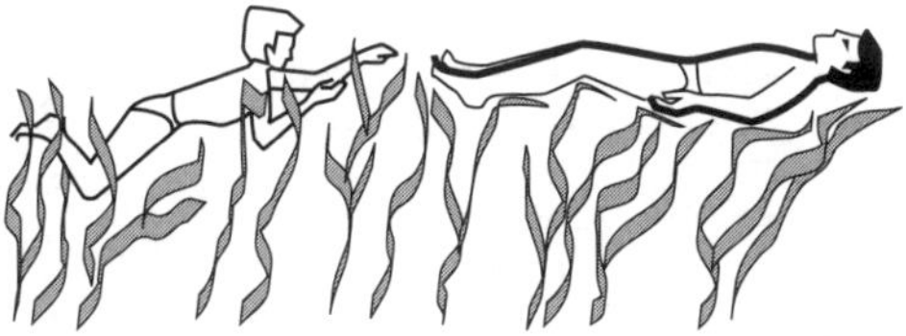

Gefahren des Wassers

Reizvoll und gefährlich zugleich kann der Aufenthalt am, im und auf dem Wasser sein. Wanderer, Schwimmer und sonstige Wassersportler sollten die Gefahren erkennen und bewältigen, damit nicht aus Freude und Erholung unversehens Trauer und Leid werden.
Die Gefahren gehen sowohl vom Wasser, als auch vom Menschen aus.

Wasserpflanzen

Panik
Lebensgefahr
Ertrinken

Gerät ein Schwimmer - verschuldet oder unverschuldet - in Wasserpflanzen, so muß er Ruhe bewahren, um Panik zu vermeiden. Hastige und unzweckmäßige Bewegungen verschlimmern die Situation. Man soll in flacher Rückenlage entgegen der bisherigen Richtung schwimmen: Armzüge des Brustschwimmens mit hohem Ellbogen, Füße geschlossen und gestreckt voraus!

Schlamm

Schlammige Gewässer erkennt man am fauligen Geruch, am Pflanzenbewuchs und am trüben Wasser.

Panik
Lebensgefahr

Wer mit dem Kopf im Schlamm stecken bleibt, hat kaum eine Chance.

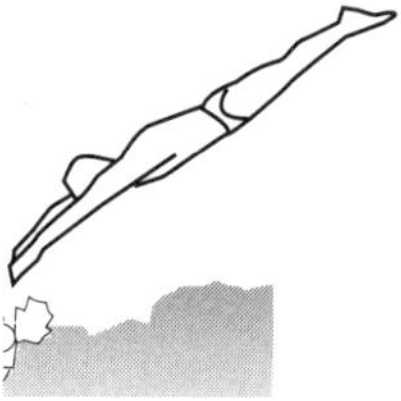

Stecken die Beine fest, keine Bewegungen damit ausführen.
Mit kräftigen Armzügen versuchen freizukommen.

Unbekannte
Gewässer

Man weiß nie, was einem in unbekannten Gewässern erwartet. Das Wasser kann

- kalt
- tief
- seicht
- verunreinigt sein,
- Felsbrocken
- Pfähle
- Schrott und
  Zivilisationsmüll verbergen.

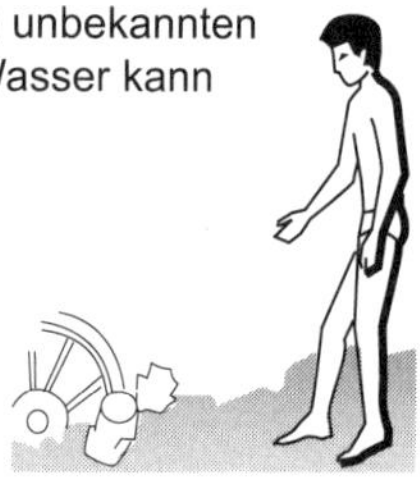

Muß man einspringen, dann nur mit einem Paketsprung, falls man sich nicht Schritt für Schritt hineintasten kann.
Man sollte sich bei unbekannten Gewässern stets nach möglichen Gefahren erkundigen.

Die gefährlichen Drei: **Gewitter, Hagel** und **Platzregen**.

Gewitter

Wassersport wird in Freigewässern bei Gewitter zur tödlichen Gefahr. "Raus aus dem Wasser" sobald amboßförmige Gewitterwolken aufziehen oder der erste Donner grollt.

Trifft der Blitz einen Menschen, so sind
- Verbrennungen
- Schock
- Lähmung vitaler Funktionen die Folge.

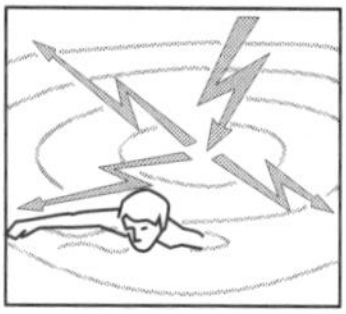

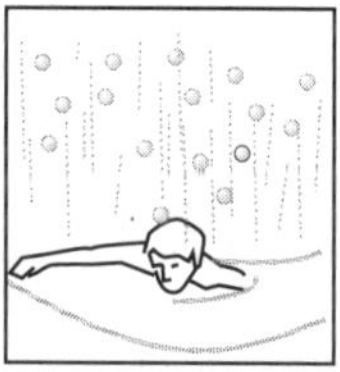

Hagel

Aus dunklen Regenwolken fallendes, gefrierendes Wasser nennt man Hagel. Die Eisstücke erreichen Tennisballgröße. Treffen Hagelkörner auf einen Menschen - gefährdet sind Kopf und Nacken -, so kann er stumpfe Verletzungen davontragen.

Platzregen

Durch Platzregen oder Hagel, verbunden mit Sturm, wird das Wasser aufgepeitscht. Über der Oberfläche bildet sich ein Gemisch aus feinsten Wassertröpfchen und Luft: Gischt. Atmet ein Schwimmer das Gemisch ein, muß er husten, evtl. kommt es zum Stimmritzenkrampf, der sehr schnell zum Erstickungstod führen kann.

Maßnahmen: Wasser verlassen!

Wer die gefährlichen Drei nicht ernst nimmt, sondern im Wasser bleibt, ist nicht mutig, sondern dumm!

Wirbel und Strudel

Immer rund herum:
Wirbel und Strudel.
Flüchtig betrachtet ähneln sich Wirbel und Strudel.

Wirbel An der Oberfläche sieht man das Wasser in kreisender Bewegung. Eine Gefahr ist gemeinsam: Schwimmer werden unter Wasser gezogen!
Wirbel lösen sich auf, sobald das Hindernis umflossen ist.

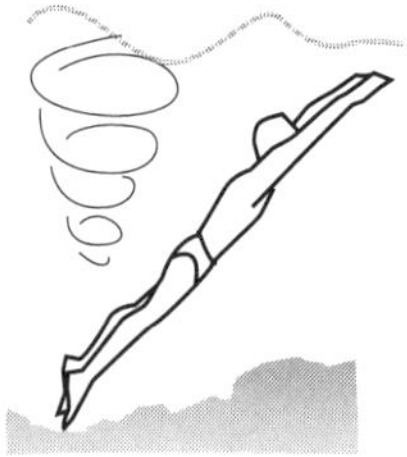

Wirbel entstehen über Hindernissen, am Zusammenfließen zweier Flüsse, im Kehrwasser von Flußkrümmungen, an Ufereinbuchtungen und im Bereich von Buhnen.

Für die Selbstrettung braucht man einen klaren Kopf, viel Mut und Kraft. Ist man am Grund angelangt, muß man seitlich wegtauchen. Da der Schwimmer nicht erkennt, wo er sich befindet, muß er damit rechnen, gegen Hindernisse geschleudert zu werden. Bei der Fremdrettung muß der Retter angeleint sein.

Strudel Strudel bewegen sich auf Öffnungen zu, die meist durch ein Gitter gesichert sind.
Strudel entstehen über Abflüssen.
Man beobachtet Strudel im Waschbecken
- in der Badewanne
- an der Staumauer eines Stausees.

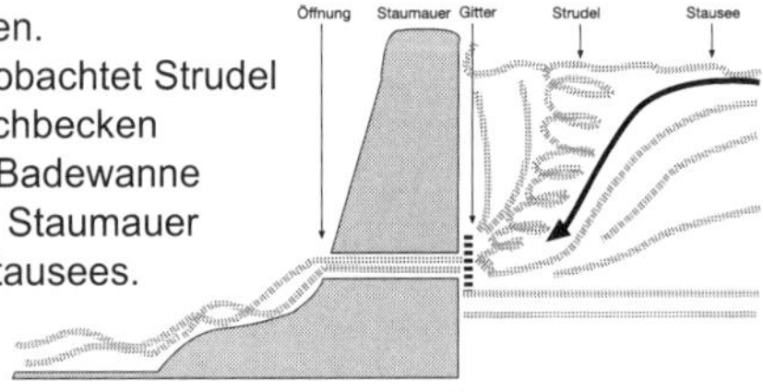

Die Staumauer hat verschließbare Öffnungen, um den Wasserbedarf zu regulieren. Wird der Durchlaß geöffnet, bildet sich ein Sog mit hoher Strömungsgeschwindigkeit. An der Oberfläche entsteht die kreisende Bewegung. Gerät ein Wassersportler in den Sog, wird er abwärts gezogen, gegen die Öffnung gedrückt und durch den ungeheueren Wasserdruck zerquetscht.

Keine Selbstrettung!

Es gibt keine Selbstrettung aus dem Strudel. Auch unterhalb der Staumauer ist der Aufenthalt strengstens verboten. Aus betriebstechnischen Gründen muß oft das Wasser abgelassen werden. Dabei entsteht ein Wasserstrom, der alles mit sich reißt.

Gebirgsbäche Wasserfälle Stromschnellen

Schön anzusehen, aber für das Baden ungeeignet: Wasserfälle und reißende Gebirgsbäche. Felsen und Steine im Flußbett, die das Wasser aufbäumen, bilden Stromschnellen, über die das Wasser mit hoher Fließgeschwindigkeit hinwegschießt. Das erschwert das Anlandkommen. Wer in einen Gebirgsbach gefallen ist, muß mit Verletzungen rechnen, wenn er gegen die Felsen prallt.

Selbstrettung:
Kopf mit Armen und Händen schützen, in Rückenlage, Füße voraus, treiben lassen und das Ufer ansteuern; evtl. nach überhängenden Ästen Ausschau halten und diese fassen.

Fremdrettung:
Zureichen bzw. Zuwerfen von Ästen, Stangen, Bergsteigerseilen, da offizielle Rettungs(hilfs)mittel wohl kaum verfügbar sind.

Kalte Strömungen

Kalte Strömungen bilden eine nicht zu unterschätzende Gefahr. Sie entstehen durch
- unterschiedliche Temperaturzonen in tiefen Gewässern
- Einmünden von Zuflüssen in Seen
- Durchfließen eines stehenden Gewässers.

Ausgelöst durch den Kältereiz atmet der ins Wasser Geratene tief ein, wobei er es schlimmstenfalls in den Kehlkopf anatmet. Das führt zu Hustenreiz, Stimmritzenkrampf und Ersticken. Außerdem drohen Unterkühlung und Kälteschock, die zum Badetod führen. Selbstrettung: In flacher Rückenlage schnell herausschwimmen, evtl. um Hilfe rufen.

Wehre

Wehre sind künstliche Einbauten in Fließgewässer, um
- Bach oder Fluß zu regulieren,
- Wasser für Mühlen und Kraftwerke zu entnehmen
- Felder zu berieseln.

Das aufgestaute Wasser fließt über den Wehrkamm ab, stürzt in das Tosbecken und bildet dort eine äußerst gefährliche Wasserwalze. Das Wasser kehrt zum Wehr zurück, wird aber vom nachstürzenden Wasser mit großer Wucht nach unten gedrückt. Vom Wehr entfernt gelangt es an die Oberfläche und kehrt erneut zum Wehr zurück. In der Wasserwalze sammelt sich schwimmfähiges Treibgut:
- Holz
- Büchsen
- Flaschen
- Plastikkanister

Gefahren!

Sofern keine Warntafeln aufgestellt sind, erkennt man Wehre am langsamer fließenden Wasser. Wasserfälle dagegen kündigen sich durch ein immer stärker werdendes Brausen an. Schwimmer und Wasserfahrzeuge werden
- zur Wehr-/Wasserfallkante getrieben
- über diese hinabgerissen
- ins Tosbecken/auf Steine geschleudert
- unter Wasser gezogen
- in der Wasserwalze festgehalten.

Es drohen Prellungen, Knochenbrüche, Querschnittslähmung, ja sogar Tod durch Ertrinken.

Selbstrettung:
Versuchen, am Grund die wegführende Strömung zu erreichen und weiter flußwärts auszutauchen.

Fremdrettung:
Anschwimmen mit Rettungsring

Wassergassen

Bei Wehren in Flüssen, die von der Flößerei benutzt werden oder wurden, findet man Wasser- oder Floßgassen, in denen das Wasser mit hoher Geschwindigkeit fließt. Wassergassen sind für das Schwimmen ungeeignet. Wer in eine solche "Rutschbahn" gerät, muß versuchen, in flacher Rückenlage, mit den Füßen voraus, die Arme schützend über den Kopf haltend, die Gefahrenstrecke zu überwinden. Verletzungsgefahr besteht, wenn man gegen die Mauer getrieben wird.

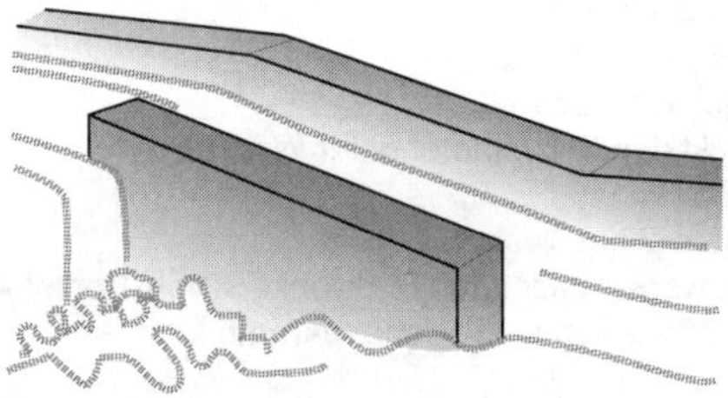

Wehr mit Floßrutsche

Kanäle

Kanäle führen häufig zu
- Wehren
- Mühlen
- Turbineneinlässen.

Bei hohen, glatten Mauern als Uferbefestigungen und großer Fließgeschwindigkeit ist es schwierig, an Land zu gelangen. Auch wenn keine Warnschilder aufgestellt sind, sollte man in diesem Bereich nicht baden, schwimmen oder mit dem Kleinboot fahren.

Wie in allen stark fließenden Gewässern sollte man bei der Selbstrettung
- sich in Ufernähe treiben lassen
- nach günstigen Ausstiegen suchen
- gegen die Strömung schwimmend anlanden.

* * *

Wasserfahrzeuge Bei der Fremdrettung muß der Helfer mit Leinensicherung retten. Gleiches gilt für die Rettung mit einem Boot.

Ob groß, ob klein, langsam oder schnell: Wasserfahrzeuge sind gefährlich!

Die Strömung
- ist unberechenbar
- drückt den Schwimmer gegen das Schiff

Der vom Schiff ausgehende Sog
- drückt den Schwimmer unter Wasser.

Der Schwimmer
- kann nicht ausweichen
- wird wegen des "toten Blickwinkels" vom Bootsführer nicht erkannt und daher gerammt.

Wasserskifahrer und Surfer erkennen, wenn überhaupt, Schwimmer erst im letzten Augenblick, vor allem, wenn sie keine auffallende Badekleidung tragen.

Kleinboote Als Freizeitkapitän eines Kleinbootes
- Ruderboot
- Kanu
- Paddelboot
- Schlauchboot

sollte man einige Ratschläge beachten, damit die Bootsfahrt nicht mit einer Katastrophe endet.

Vor dem Betreten:

* Prüfe - vor allem wenn es sich um ein gemietetes Boot handelt - die Beschaffenheit und den Zustand des Bootes !
* Achte darauf, dass die Leine sicher befestigt ist!
* Verteile die Last gleichmäßig!
* Nimm keine Nichtschwimmer an Bord, wenn es keine oder zu wenige Schwimmwesten gibt!

Beim Betreten des Bootes:

* Keine Hektik, sondern ruhige, langsame Bewegungen!
* Verlagere den Körperschwerpunkt nach unten, in dem du beim Einsteigen oder beim Platzwechsel in die Hocke gehst!
* Nimm die Finger nach innen! Das Boot könnte gegen den Steg pendeln. Das bedeutet Verletzungsgefahr!

Allgemein:

* Beobachte das Wetter!
* Beachte Wettervorhersagen und Sturmwarnungen!
* Die Mitfahrer sollen ruhig sitzen!
  Schaukeln und sonstige "Späße" sind verboten!
* Hinweis-, Gebots- und Verbotsschilder sind auf dem Wasser genau so zu beachten wie im Straßenverkehr!
* Wirbel, Strudel und Hindernisse unter Wasser können auch einem Boot gefährlich werden!
* Vor Schleusen und Wehren muß das Boot rechtzeitig aus dem Wasser genommen werden!

A. Falscher Platzwechsel

Skipper leben gefährlich!

B. Heckwellen des Motorbootes werfen kleinere Boote um.

C. Gefährlicher Leichtsinn: Das Kreuzen von Schleppbooten.

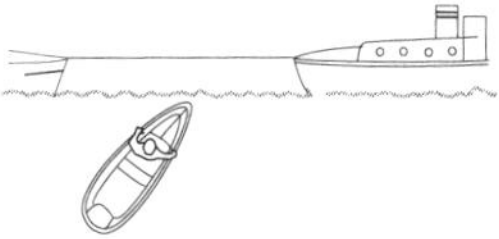

D. Das Ruderboot ist überladen

E. Schwimmer entern ein Ruderboot. Es kann voll Wasser laufen oder kippen.

Wassersport mit Risiko: Segeln und Surfen

* Falsches Fahrmanöver
* Strömung und Wind
* mangelnde Praxis

sind Ursachen, wenn Segler und Surfer verunglücken. Surfern droht Erschöpfung und Unterkühlung aufgrund

* mangelnder Erfahrung
* widriger Winde
* hohen Wellenganges
* Überschätzung der eigenen Kräfte.

Geraten Surfer in den Badebereich, können sie Schwimmer verletzen.

* * *

Unfall mit mehreren Verletzten

Mehrere Menschen fallen
- gleichzeitig
- unfreiwillig
- unverhofft

ins Wasser, z.B. bei
- Einsturz von Landungsstegen und Brücken
- unterspülten Ufern bei Hochwasser
- Unfällen während Wassersportveranstaltungen
- Schiffsunglücken
- Unfällen mit Kraftfahrzeugen, die im Wasser versinken.

Es droht Panik! Selbst- und Fremdrettung gestalten sich besonders schwierig.
Darum ist der NOTRUF besonders wichtig!

Selbstrettung:
Umklammerungen vermeiden!
Aus dem Menschenknäuel heraustauchen!
Nach Helfern und Rettungsgeräten Ausschau halten!

Fremdrettung: Notruf absetzen!
Rettungs(hilfs)mittel zwischen die Verunglückten schieben oder werfen. Nach Möglichkeit werden Kinder und Nichtschwimmer zuerst gerettet.

Mehrere Verletzte

Hier gilt besonders wie bei jeder Unfallsituation:
- Ruhe bewahren
- Erkennen, was geschehen ist
- Überlegen, welche Gefahren drohen
- Handeln, um die Gefahren zu bannen.

Verunreinigung

Trübung des Wassers durch natürliche Schwebstoffe ist keine Verunreinigung, aber sie kann zu Allergien führen.
Schwebstoffe sind:
- Algen
- pflanzliche Überreste
- Sedimente (= feinste feste Teilchen)

Gefährlicher ist es, wenn eine Trübung durch Schmutzstoffe und Chemikalien hervorgerufen wird, z.B. durch

Einleiten von unzureichend gereinigten Abwässern in Bäche, Flüsse und Seen:

Erkennen

- unangenehmer Geruch/Geschmack
- Prickeln auf der Haut
- Ausschlag
- plötzliche Krankheitszeichen

Es drohen:
- Erkrankungen, Vergiftungen
- Hautreizungen
- allergische Reaktionen

Schadensverhütung

Verunreinigte Gewässer meiden.

Maßnahmen

Bei vermuteter Gefahr:
- Gewässer sofort verlassen
- schnellstens gründlich duschen
- zum Arzt gehen.

Unrat

Unrat, wie
- Haushaltsmüll
- Sperrmüll

in Gewässern zu "entsorgen", ist verantwortungslos! Freiwillig wird wohl kaum jemand in ein derart verunreinigtes Wasser gehen, es sei denn zu einer Rettung.

Unrat in Gewässern kann zu
- Schnittverletzungen
- Verstauchungen
- Knochenbrüchen
- Kopfverletzung mit Bewusstlosigkeit und Ertrinken

führen.

Schadensverhütung

Nicht in unbekanntes Gewässer springen!
Vom Ufer aus vorsichtig hineingehen!

Maßnahmen

Fremdrettung:
- Rettungsgurt mit Leine
- Rettungsschwimmbrett
- Rettungsboot
- Rettungsball mit Leine
- Rettungsring, -sack, -boje
- EH-Maßnahmen
- Notruf!

* * *

Gefahren an und in Küstengewässern

Besucher aus dem Binnenland müssen sich beim Aufenthalt am Meer, sowie beim Baden und Schwimmen im Meer, auf andere Bedingungen einstellen. Das Wasser ist salzig und kälter als Binnengewässer. Es gibt die Gezeiten: Ebbe und Flut. Fallwinde (= Böen) treten mit großer Stärke plötzlich an Steilküsten, in Buchten und auf Inseln auf. Sie bringen Wassersportgeräte zum Kentern und treiben sie aufs Meer hinaus.

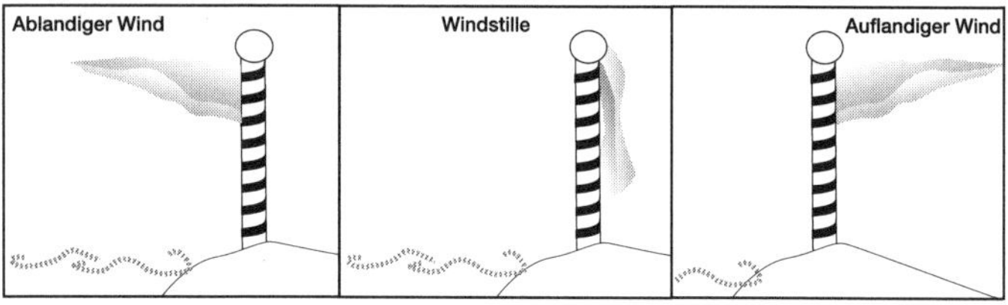

Warnzeichen beachten

Zeigt ein Wimpel zum Meer, so kommt der Wind aus dem Binnenland. Man sagt auch “ablandiger” Wind. Zeigt der Wimpel zum Land, so weht der Wind vom Meer her. Es ist "auflandiger" Wind.

Wellen

Die für uns an der Oberfläche sichtbaren Wellen entstehen durch den Wind. Die Größe (= Stärke) der Wellenbewegung hängt ab von

- der Geschwindigkeit des Windes
- seiner Dauer
- der Größe der Fläche, auf die der Wind einwirken kann.

Bei mäßigem Wellengang ist das Schwimmen im Meer möglich. Man sollte sich aber vorher beim Wasserrettungsdienst erkundigen bzw. örtliche Hinweise beachten.

Wenn Wellen flaches Land erreichen oder auf eine felsige Steilküste treffen, enden sie in der Brandung. Man unterscheidet zwischen Strand- und Klippbrandung.

Kein Gewitter und trotzdem donnert es ?

Strandbrandung

Bei der Strandbrandung krümmt sich das Wasser des Wellenkammes in Fließrichtung zu einem Tunnel. Dabei wird die im Tunnel eingesperrte Luft zusammengedrückt, bis sie schließlich mit einem Knall explodiert. Der Wellenkamm bricht schäumend zusammen.

Klippbrandung

Bei der Klippbrandung werden die Wellen gegen die Felsenküste geschleudert. Die eingeschlossene Luft vermischt sich mit allerfeinsten Wassertröpfchen zur Gischt. Mit zunehmender Brandung werden Badende, Schwimmer und Wassersportler

Gefahren

- mit Wasser überschüttet
- unter die Wasseroberfläche gedrückt
- vom Brandungssog in Richtung Meer gerissen
- gegen die Felsen geschleudert.

Schadens-verhütung

Brandung meiden!
Warntafel beachten!

Maßnahmen

Selbstrettung:
- Panik vermeiden
- Mit den Oberflächenwellen in Richtung Land schwimmen
- an Klippen/Felsküsten mit den Beinen voraus anlanden
- bevor die nächste Welle kommt: herausklettern.

Strömungen

Brandungs-strömung

Das durch die Brandung an die Küste geschleuderte Wasser fließt unter den Brandungswogen unmittelbar über dem Grund als Unterstrom wieder ab.

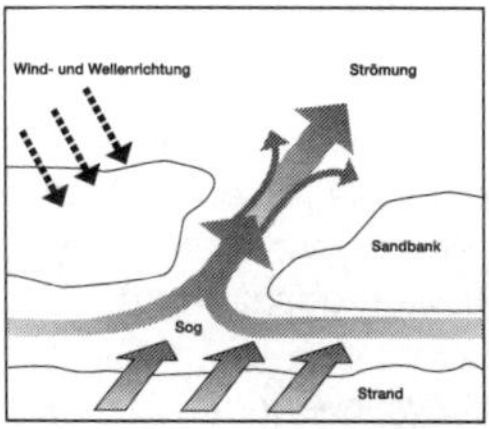

Trifft die Brandung schräg auf die Küste, fließt das Wasser parallel in unmittelbarer Nähe der Küste entlang. Diese Brandungsströmung ist unabhängig von den Gezeiten und der Richtung.

Rippströmung (= Trecker)

Wird das Wasser der Brandung, z.B. in einer Bucht, durch besonders heftige Winde aufgestaut und durch die Brandungszone am Abfließen gehindert, dann entsteht allmählich ein Überdruck. Dieser entlädt sich plötzlich mit großer Kraft und bricht durch die Brandungszone seewärts.

Gefahren

Diese Art der Strömung heißt Rippströmung oder Trekker. Sie ist äußerst gefährlich!

Strömungen:
- reißen Badende von den Füßen
- ziehen Schwimmer mit sich
- lösen Panik aus
- ziehen Wassersportgeräte aufs offene Meer hinaus und führen bei Benutzern zu
  - * Erschöpfung
  - ** Unterkühlung
  - *** Ertrinken.

Maßnahmen

Warntafeln und Hinweise beachten!

Selbstrettung:
- bei Strömungen seitlich herausschwimmen
- am abtreibenden Wassersportgerät bleiben.

Fremdrettung:
- Rettungsboot, Rettungsgurt und Leine
- EH-Maßnahmen.

Buhnen

Buhnen sind künstliche Einbauten aus Holz, Stein, Beton oder Eisen ins Meer. Sie dienen als Wellenbrecher, die verhindern sollen, dass Land abgetragen und ins Meer gespült wird.

Mit Zwischenräumen gebaute Wellenbrecher heißen offene Buhnen. Durchgehende, wie Mauern aussehende Wellenbrecher nennt man geschlossene Buhnen (vgl. S. 105).

Wassersportler können sich verletzen
- an spitzen, spießartigen Holzteilen
- an scharfkantigen und/oder rostigen Metallteilen
- am scharfkantigen Muschelbewuchs
- am glitschigen Algenbewuchs, der vor allem Steine und Beton zur Rutschbahn werden läßt.

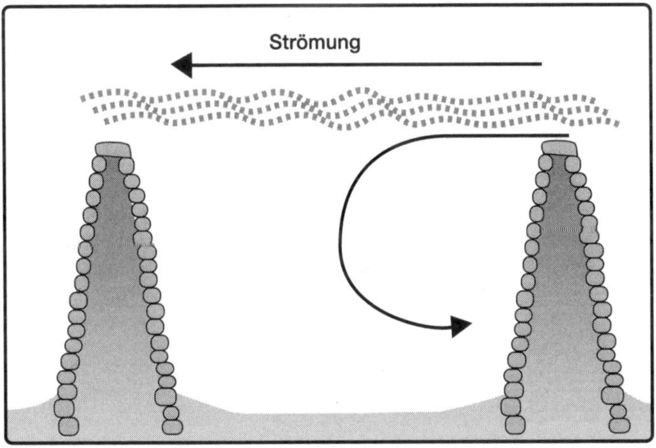

Häufig bilden sich Wirbel hinter den Buhnen, die dem Wassersportler gefährlich werden, weil er
- die Orientierung verliert
- nach unten gezogen werden kann.

Darum:
- Buhnen nicht betreten,
- beim Schwimmen deutlich Abstand halten.

Fremdrettung:
- für den Retter gefährlich wegen Verletzungsgefahr
- Rettungs(hilfs)mittel verwenden
- EH-Maßnahmen
- Notruf!

Gezeiten:

Ebbe und Flut

Gezeiten heißen auch Tiden. An den Küsten der Meere und im Mündungsbereich der zum Meer fließenden Flüsse beobachtet man zweimal täglich den Wechsel der Gezeiten. Sie entstehen durch die Anziehungskraft des Mondes. Bei seiner Wanderung um die Erde zieht er das Wasser der Ozeane ein wenig zu sich heran. Die Flut wandert also mit dem Mond rings um die Erdkugel.

Der Mondtag dauert 24 Stunden und 50 Minuten. Dadurch verschieben sich die Zeiten für Hoch- (= Flut) und Niedrigwasser (= Ebbe) und damit auch die Badezeiten.

*** Baden und Schwimmen im Meer
darf man nur bei Flut.

Bei Ebbe
- fließt das Wasser von der Küste zum Meer ab
- senkt sich der Wasserspiegel um mehrere Meter.

MERKE:
Je flacher der Strand,desto weiter weicht das Wasser bei Ebbe zurück und um so größer ist seine Fließgeschwindigkeit.

Priele

Priele sind tiefe, zum offenen Meer hinführende Gräben oder Rinnen im Watt. In den Prielen sammelt sich bei Ebbe das abfließende Wasser. Es strömt mit hoher Geschwindigkeit zum Meer hin.

Umgekehrt fließt bei Flut das Wasser in den Prielen sehr schnell in Richtung Küste. Sind die Priele gefüllt, schwappt das Meerwasser über den Rand und überflutet das Watt.

Watt

Mit Watt bezeichnet man den während der Ebbe freigelegten Meeresgrund. Urlauber im "Nationalpark Schleswig-Holsteinisches-Wattenmeer" zwischen Elbmündung und dänischer Grenze sollten sich richtig verhalten, damit der Ausflug in das unter Naturschutz stehende Gebiet in guter Erinnerung bleibt.

Gefahren

Wattwanderer und Schwimmer
- werden vom Sog der Ebbe mitgerissen
- rutschen an den glitschigen Wänden der Priele aus, fallen hinein, bleiben stecken und drohen zu ertrinken
- können sich Schnittverletzungen durch die im Schlamm versteckten Muscheln zuziehen
- können von der auflaufenden Flut überrascht und vom Ufer abgeschnitten werden
- verlieren die Orientierung bei plötzlich auftretendem Nebel und finden den Weg nicht mehr zurück.

Schadens-verhütung

Nur bei bekanntgegebener Badezeit baden!
Priele umgehen!
Größere Wanderungen durch das Watt nur mit ortskundigem Führer!
Vorsicht bei Barfußgängen im Watt!
Erste-Hilfe-Ausrüstung mitnehmen!
Das Watt rechtzeitig verlassen!

Selbstrettung

Ruhe bewahren!
Aus Prielen herauszuklettern versuchen!
Rückweg auch auf Umweg möglich!
Seichte Wasserstellen durchlaufen/durchschwimmen!

Um Hilfe rufen!

Fremdrettung:
- Rettungsboot
- Rettungsgurt und Leine
- Erste-Hilfe
- Notruf! (evtl. Hubschrauber anfordern!)

SAR: SEARCH AND RESCUE (= Suchen und Retten)
RTH: Rettungs-/Transporthubschrauber

Krankheit Krankheiten setzen die Leistungsfähigkeit des Körpers herab. Beim Baden und Schwimmen kann das zu
- Kreislaufschwäche
- Ohnmacht
- Störung des Gleichgewichtssinnes und Orientierungslosigkeit
- Angstzuständen und Panik

führen.

Menschen mit chronischen und akuten Krankheiten sollen nur nach Anweisung eines Arztes schwimmen.

Krämpfe Krämpfe sind sehr gefährlich. Sie entstehen durch falsche Schwimmbewegungen, Überanstrengungen und/oder den Reiz des kalten Wassers, Nichterwärmen der Muskulatur.

Krämpfe
- sind sehr schmerzhaft und schränken die Bewegungsfähigkeit ein
- kann man nicht durch den eigenen Willen beeinflussen und lösen
- rufen Angstgefühle hervor.

*** **Schmerzen und Angst zusammen beeinflussen das klare Denken!**
Es ist nur noch ein kleiner Schritt zur Panik und u.U. zum Tod durch Ertrinken.

Nicht im kalten Wasser schwimmen!
Muskulatur vor dem Schwimmen durch Bewegung oder Massage aufwärmen!

Maßnahmen

Was tun, wenn es zwickt und zwackt?
Wer einen Krampf verspürt, sollte schnellstens zum Ufer. Das gilt ebenso für das Hallenbad wie für die Freigewässer!

Fingerkrampf:
Abwechselnd Finger spreizen und zur Faust ballen.

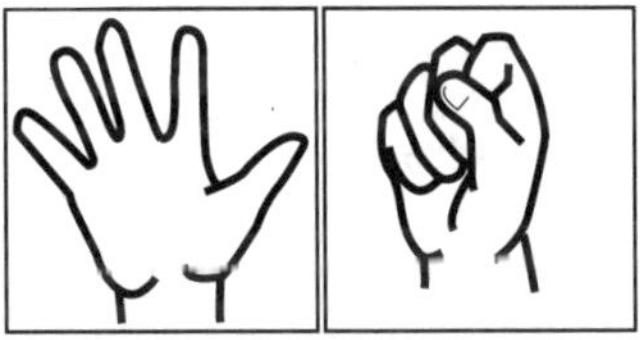

Oberschenkelkrampf:
Vorderseite im Strecker. Mit der Hand den Unterschenkel zum Gesäß ziehen, danach das Bein strecken. Wiederholen, bis der Krampf sich löst.

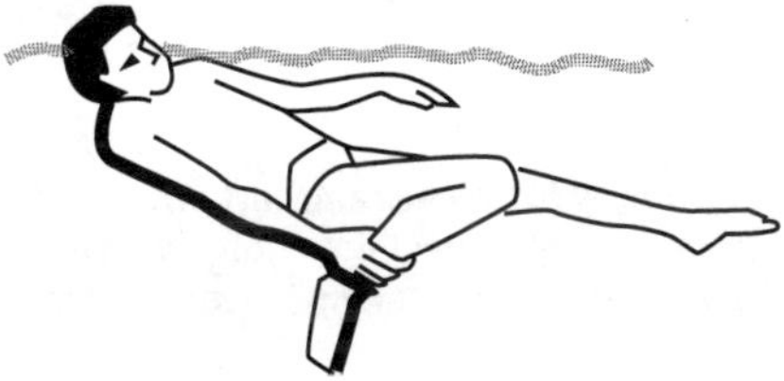

Zehenkrampf:
Zehen nach oben gespreizt: Mit der Hand die Zehen abwechselnd nach unten drücken und loslassen.

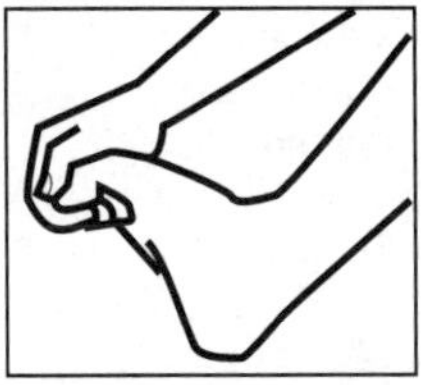

Krämpfe

Magenkrampf:
(Bauchmuskel-
krampf)
In Rückenlage angehockte Beine abwechselnd gegen den Körper pressen und loslassen.

Achtung Lebensgefahr!

Je nach Auftriebsverhältnissen kann es sein, dass der Betroffene als "Qualle" in Bauchlage gerät. In diesem Falle auf die Atmung achten!

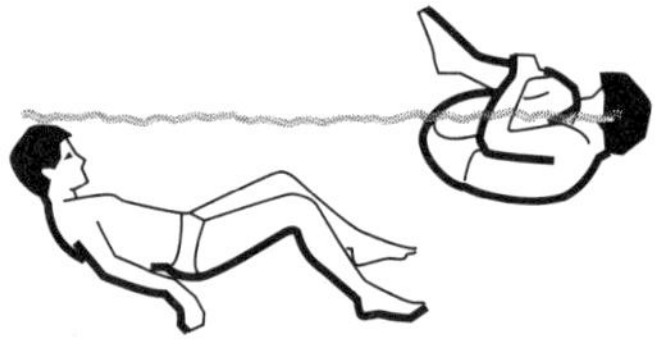

Eine Technik für vier Krampfarten:
Bein abwechselnd gestreckt durchdrücken und die Zehen mit der Hand Richtung Schienbein ziehen.

Anzuwenden bei:

1. Oberschenkelkrampf:

2. Wadenkrampf:

3. Fußkrampf:

4. Zehenkrampf:
   Zehen nach unten gekrümmt

Wassernot

Auch der beste Schwimmer kann Schwierigkeiten im Wasser bekommen.

Was also tun?

1. Ruhe bewahren!
2. Auf den Rücken drehen, gestreckte Körperlage einnehmen - langsam und tief durchatmen!
3. Augen auf und sich umsehen, ob Hilfe in der Nähe ist!
4. Sieht man jemanden:
   - Laut um Hilfe rufen!

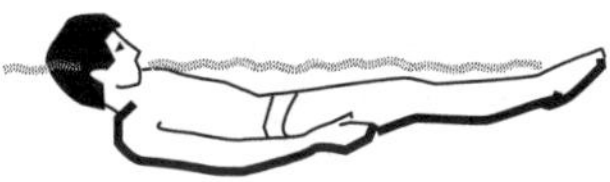

5. Beim Winken daran denken, dass die Strecklage beibehalten wird, sonst gerät man unter die Oberfläche!
6. Ausschau nach dem Ufer halten! Evtl. mit den Füßen voraus das Ufer ansteuern.
7. Dabei auf die Beschaffenheit des Ufers achten! Am Steilufer oder an den Betonwänden besteht kaum eine Chance, ohne fremde Hilfe das Wasser zu verlassen.
8. Ist man mit dem Ruder- oder Schlauchboot verunglückt, bleibt man am Sportgerät und hält sich fest. Das spart Kräfte. Außerdem wird man besser gesehen.

Bitte, daran denken:
Baderegeln gelten für alle!
Wer sie befolgt, hat die besseren Chancen!

> Sommer, Sonne, Wasser, Wind,
> manchmal sehr gefährlich sind,
> nämlich dann, wenn wir uns falsch verhalten.

Es drohen
- Sonnenstich
- Hitzschlag
- Hitzeerschöpfung
- Sonnenbrand

Sonnenstich Sonnenstich entsteht durch das Einwirken der Sonne, besonders ihrer ultravioletten Strahlen (= UV-Strahlen) auf den Kopf.

Besonders gefährdet sind
- Kleinst- und Kleinkinder
- Menschen mit dünnem, spärlichen Haarwuchs oder ohne.

Gefahren Die UV-Strahlen bewirken eine Reizung der Hirnhaut. Das kann
- zur Bewusstlosigkeit
- zu hohem Fieber (bei Kleinkindern) führen.

Sonnenstich

Erkennen

Erkennen,
- hochroter, heißer Kopf
- kühle Körperhaut
- Unruhe
- Kopfschmerzen
- Übelkeit - Erbrechen
- Nackensteifigkeit
- Bewusstseinsschwund

Maßnahmen

Maßnahmen,
- für Schatten sorgen oder
  Betroffenen in den Schatten bringen
- Kopf erhöht lagern
- Kopf mit nassen Tüchern kühlen, Tücher häufig
  wechseln.
- bei Bewusstlosigkeit entsprechende Maßnahmen:
  * stabile Seitenlage
  * Atemspende bei Atemstillstand
  * Notruf!

Hitzschlag

Hitzschlag entsteht bei starker körperlicher Belastung in feuchtschwüler, heißer Witterung, wenn der Körper die Schweißbildung einstellt.

Gefahren

Dadurch kommt es zu einem Hitzestau im Körper.

Erkennen

Erkennen:
- hochroter Kopf
- heiße, trockene Haut
- stumpfer Gesichtsausdruck
- taumelnder Gang
- sehr hohe Körpertemperatur
- evtl. Bewusstlosigkeit

Maßnahmen

Maßnahmen:
- Betroffenen an kühlen Ort bringen
- mit erhöhtem Oberkörper lagern
- Kleidung weit öffnen
- in kaltem Wasser getränkte Tücher auflegen und

Hitzschlag Maßnahmen

nach kurzer Zeit erneuern
- anschließend Luft zufächeln (= Verdunstungskälte erzeugen)

Bei **Bewusstlosigkeit** entsprechende Maßnahmen:
- stabile Seitenlage
- evtl. Atemspende
- grundsätzlich für längere Körperruhe sorgen, sonst besteht Rückfallgefahr und diese bedeutet dann Lebensgefahr
- Notruf!

Hitzeerschöpfung

Hitzeerschöpfung entsteht bei großer Hitze durch körperliche Belastung mit starker Schweißbildung und hohem Flüssigkeitsverlust.

Erkennen

Schockanzeichen:
- auffallende Blässe
- kalter Schweiß
- Frieren
- schneller, schwacher Puls
- normale Körpertemperatur

Gefahren

Es drohen:
- Bewusstlosigkeit
- Kreislaufstörungen

Maßnahmen

Den Betroffenen im Schatten lagern und zudecken, um die Körperwärme zu erhalten.

Bei Bewusstlosigkeit:
- Kontrolle der Vitalfunktionen
- stabileSeitenlagerung
- Notruf!

Sonne

Ohne Sonne läuft nichts auf unserer Erde:
- kein Licht
- keine Wärme
- kein Leben

Die Sonne ist ein riesengroßer Feuerball aus verschiedenen glühenden Gasen.

Die Temperatur im Innern beträgt - das hat man berechnet - fast 15 Millionen Grad Celsius. Dazu kommt ein enormer Druck. Die Gase werden umgewandelt. Dabei wird eine unvorstellbare Menge an Energie freigesetzt. Die Sonne schickt diese Energie in Form von Licht und Wärme ins Weltall. Das Licht empfinden wir zwar als weiß, in Wirklichkeit setzt es sich aus sieben Farben zusammen, die wir vom Regenbogen her kennen. Diese Lichtstrahlen treffen mit unterschiedlichen Wellenlängen auf die Erde. Am Anfang strahlt das Rot mit der größten Wellenlänge, am Ende das Violett mit der kürzesten.

Die infraroten und die ultravioletten Strahlen können wir nicht sehen, aber wir spüren sie, wenn sie uns wärmen oder - falls wir uns nicht schützen - wenn sie uns verbrennen.

sichtbares Licht

infrarot	ROT	ORANGE	GELB	GRÜN	BLAU	INDIGO	VIOLETT	ultraviolett

Sonnenbrand

Sonnenbrand entsteht durch Einwirken der UV-Strahlen der Sonne auf die unbedeckte Haut, die - mit leichtem Schmerz beginnend - allmählich verbrennt.

Erkennen

Man unterscheidet drei Grade der Verbrennungen:
1. Grad: Rötung der Haut
2. Grad: Blasenbildung
3. Grad: Nekrose (= Zerstörung tieferer Hautschichten)

Gefahren

Gefahren:
- Schock
- Infektion
- Verbrennungskrankheiten

Maßnahmen

Erste-Hilfe:
- keine Hausmittelchen
- frühzeitig und ausreichend sauberes, kaltes Wasser anwenden, bis der Schmerz deutlich nachläßt
- sterile Abdeckung der Brandblasen bzw. Brandwunden
- zudecken, um die Körperwärme zu erhalten.

*** **Der Betroffene muß unbedingt zum Arzt, da das tatsächliche Ausmaß der Schädigung oftmals nicht sofort erkennbar ist.**

Das gilt für alle Verbrennungen und Verbrühungen, ganz gleich durch welche Ursachen sie hervorgerufen werden.

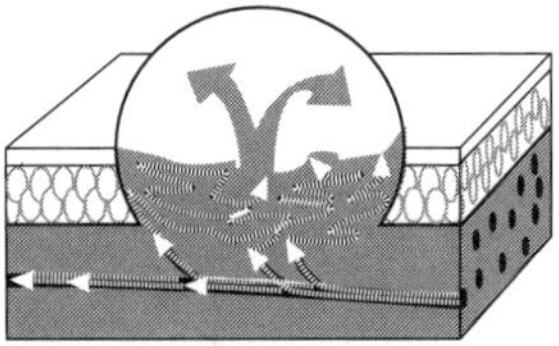

Brandblase mit Wasser kühlen

Unterkühlung

Zur Unterkühlung kommt es immer dann, wenn der Körper weniger Wärme produziert, als er an seine Umgebung abgibt, oder anders gesagt: Wenn Kälte auf die gesamte Oberfläche des Körpers einwirkt und die Körpertemperatur unter 37 Grad Celcius absinkt.

Ursachen, die zum Wärmeverlust, d.h. zur Unterkühlung führen:
- langer Aufenthalt in zu kalter Umgebung
- mit durchnäßter Kleidung auf dem Eis liegen oder sitzen
- Sturz ins kalte Wasser
- in Lawine geraten
- zu wenig Bewegung in Kälte nach Mißbrauch von
  - * Alkohol
  - ** Drogen
  - *** Schlafmittel
- bei schnellen Fahrten mit dem Motorboot ohne entsprechende Schutzkleidung
- durch Spritzwasser
- beim Surfen und Segeln in unzureichender Sportbekleidung.

Erkennen

Kennzeichen einer Unterkühlung sind

- Frieren (unbewusst überkreuzt der Betroffene die Arme über der Brust)
- Kältezittern
- bläuliche Verfärbung der Haut

Unterkühlung

Folgen der Unterkühlung sind

- starkes Absinken der Körpertemperatur
  evtl. unüberwindliche Schlafsucht
- Atmung, Anzahl der Herzschläge und Höhe des Blutdruckes werden ab 33 Grad Celcius weniger
- Nachlassen des Schmerzempfindens
- Steifwerden von Armen und Beinen
- ab 30 Grad Celcius wird der Mensch bewusstlos:
  * Atem- und Kreislaufstillstand drohen.

Wichtigste Maßnahme der Ersten-Hilfe bei Unterkühlung ist, den Betroffenen

Maßnahmen

- vor weiterer Auskühlung bewahren, d.h.
  * ihn warm einhüllen (Rettungsdecke)
  ** ihn aus dem Gefahrenbereich mit äußerster Vorsicht zu entfernen
  *** ihn dabei in Ruhelage zu halten, d.h. der Unterkühlte darf
  - sich nicht bewegen und auch nicht bewegt werden, damit das unterkühlte Schalenblut nicht mit dem wärmeren des Körperkerns vermischt wird, also auch: **keine Schocklage!**

Ist der Unterkühlte bei Bewusstsein, darf man ihm warme Getränke geben, aber niemals Alkohol! - **Notruf!**
Verboten ist auch, die Gliedmaßen des Unterkühlten zu massieren oder ihn zu überwärmen.

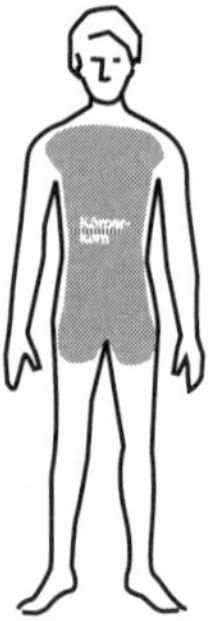

Es genügt ein Raum mit Zimmertemperatur! Bis zum Eintreffen des Rettungsdienstes müssen immer wieder die Vitalfunktionen
- Bewusstsein
- Atmung
- Kreislauf

kontrolliert werden.

Erfrierungen

Erfrierungen sind örtliche Schädigungen des Gewebes. Ursache ist eine mangelnde Durchblutung, die aufgrund extremer Temperaturen länger dauert. Betroffen wird in erster Linie die Körperschale:
- Nase
- Lippen
- Kinn
- Finger
- Zehen
- Ohren
- Wangen.

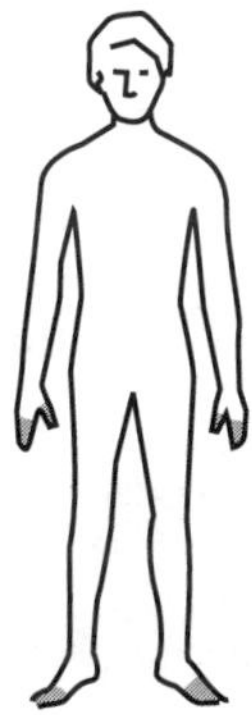

Erkennen

Ähnlich wie beim Sonnenbrand gibt es erkennbare Schäden:
1. Grad: bläulich-rote, später gelblich-weiße Verfärbung der Haut
2. Grad: Blasenbildung
3. Grad: Nekrose

Dazu kommen noch:
- eiskalte Haut
- steifgefrorene Körperteile

Maßnahmen

Notruf!

* Erfrierungsstelle und Nachbargebiete nicht erwärmen!
* Erfrorene Füße nicht belasten!
* Nicht mit Schnee einreiben!

- Körperwärme erhalten (Wolldecke, Rettungsdecke)
- keimfreie Abdeckung der Wunden!

Ist der Verunglückte bei Bewusstsein:
- warme Getränke, jedoch keinen Alkohol geben.

Achtung Mit Erfrierungen ist meist auch eine Unterkühlung verbunden. Maßnahmen gegen die Unterkühlung, die ja den ganzen Körper betreffen, haben Vorrang.

* *
*

Biologie

> Nur das Allerwichtigste über den Körper des Menschen, sofern es für das Schwimmen, Schnorcheln, Tauchen und Retten von besonderer Bedeutung ist.

Haut Die Haut verbirgt nicht nur das Innere des Körpers, sie schützt ihn auch, z.B. gegen
- mechanische Einflüsse wie Stoß und Schlag
- Lichteinflüsse
- Krankheitskeime
- Verlust von Flüssigkeit.

Die Haut teilt über die Nerven dem Gehirn mit, ob was zu tun ist gegen
- Wärme
- Kälte
- Schmerz.

Bewegungsapparat Der Bewegungsapparat besteht aus
- Knochen
- Muskeln
- Gelenken.

Die Knochen
- schützen, z.B. die Schädelknochen, das Gehirn und die Augen, die zwölf Rippenpaare des Brustkorbes, das Herz und die Lungen
- stützen, z.B. die Wirbelsäule.

Die Gelenke verbinden die Knochen, die wir zusammen mit den Sehnen und Muskeln vielfältig bewegen können, z.B. auch beim Schwimmen.

Alles dreht sich um die Atmung.

Atmung

Die Erde ist mit einer etwa 100 Kilometer dicken Lufthülle umgeben. Diese Hülle besteht in der Hauptsache aus zwei farblosen Gasen, dem Gemisch aus
- Sauerstoff (= Oxygenium)
- Stickstoff (= Nitrogenium).

Dieses Gemisch brauchen Menschen, Tiere und Pflanzen zum Atmen.

Luftwege

Zu den Atemorganen gehören die oberen und unteren Luftwege sowie die Lungen.

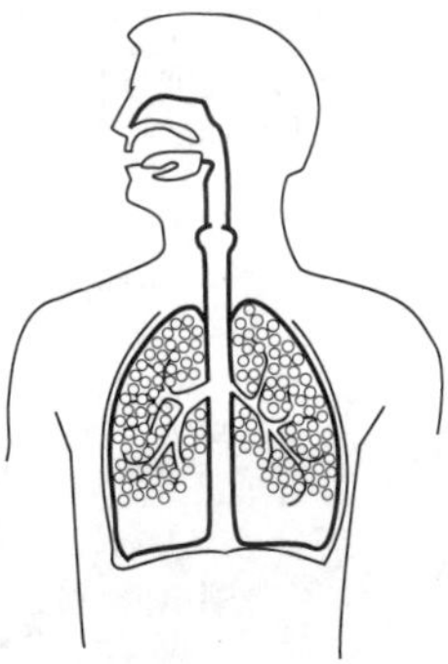

Zu den oberen Luftwegen zählen
- die Nase mit beiden Nasennebenhöhlen
- die Mundhöhle
- der Rachen mit der Rachenhöhle.

Zu den unteren Luftwegen zählen
- der Kehlkopf
- die Luftröhre mit ihren beiden Hauptästen
- die aus den Hauptästen abzweigenden Äste und Ästchen.
  * An deren Ende befinden sich winzig kleine Säckchen: die Lungenbläschen.

Die Nase mit ihren beiden Nasenhöhlen ist die erste Station für die Atemluft auf ihrem Weg zur Lunge. In der Nase wird die Einatemluft gereinigt, befeuchtet und erwärmt.

Luftröhrenästchen (= Bronchiole) mit den traubenförmig angeordneten Lungenbläschen (= Alveolen). Würde man alle Alveolen aufschneiden und aneinander legen, so könnte man damit einen halben Fußballplatz bedekken.

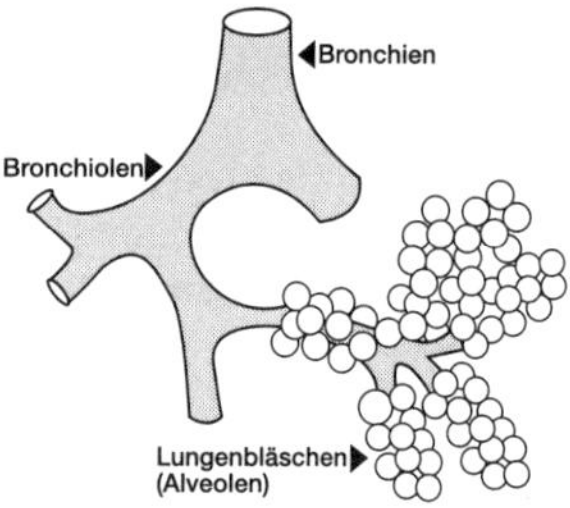

Lunge Die Lunge besteht aus zwei Flügeln, der rechte hat drei Lappen, der linke - wegen des Herzens - hat nur zwei. Lebewesen, die Sauerstoff aus der Luft aufnehmen, brauchen eine feuchte Fläche. Dem Menschen stehen in den Lungenbläschen etwa 80 bis 120 Quadratmeter zur Verfügung.

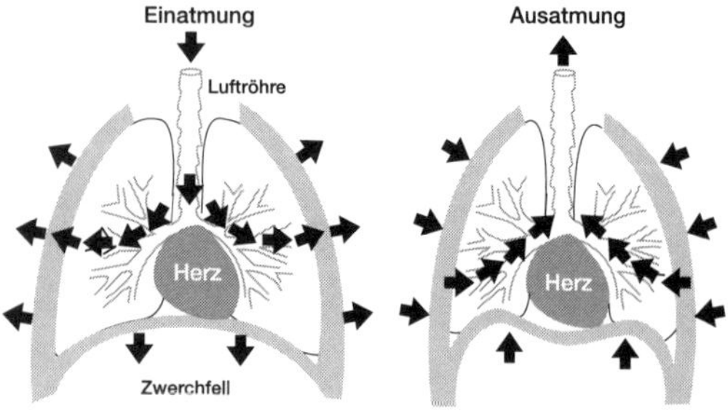

Das rhythmische Ein- und Ausatmen wird durch das Atemzentrum im verlängerten Mark (= Medulla oblongata, über der Halswirbelsäule) gesteuert. Die Lungen atmen nicht selbst; sie werden beatmet. Ziehen sich die Muskeln des Zwerchfells zusammen, senkt sich der "Boden" des Herz- und Lungenraumes, und die Luft kann eingesaugt werden.

Atmung

Im Ruhezustand atmen gesunde

- Erwachsene	16 bis 18 mal
- Kinder (zehn Jahre)	25 mal
- Kleinkinder	30 mal
- Säuglinge	40 mal

in der Minute. Bei größerer Anstrengung muß entsprechend häufig geatmet werden. Ein Mensch benötigt pro Tag etwa 750 Liter Sauerstoff

---

Einatemluft:

21 % O_2 0,03% CO_2 78% N_2 1% Sonstiges

Ausatemluft:

17% O_2 4,00% CO_2 78% N_2 1% Sonstiges

O_2 = Sauerstoff CO_2 = Kohlendioxid N_2 = Stickstoff
Wenn wir einatmen, nehmen wir aus der Umgebungsluft 21 % Sauerstoff (O_2) auf. Beim Ausatmen geben wir Kohlendioxid (CO_2) und sonstige Abbaustoffe aus dem Körper ab. Wir verbrauchen 4 % Sauerstoff.
Die 17 % in der Ausatemluft reichen für die Atemspende.

Blutkreislauf

Der Blutkreislauf ist so etwas wie ein Transport- und Verteilungsunternehmen.
"Manager" sind
- das Herz
- das Blut
- die Blutgefäße.

Herz

Das Herz übernimmt die Aufgabe als Antriebspumpe. Es ist ein faustgroßer Hohlmuskel, der durch die Herzscheidewand in zwei Hälften geteilt ist. Dieser arbeitet pausenlos. Ein Leben lang!

Herz Jeder Herzteil besteht aus einem Vorhof und einer Herzkammer, die jeweils durch eine Segelklappe getrennt sind. An den Öffnungen der vom Herzen ausgehenden Blutgefäße befinden sich Taschenklappen. Diese verhindern, dass der Blutstrom zum Herzen zurückkehrt. Es herrscht also ein Einbahnstraßensystem.

Herzarbeit Das Herz zieht sich im Wechsel rhythmisch zusammen und entleert sich (Systole). Bei der Erweiterung (Diastole) füllt sich das Herz mit Blut und pumpt dieses durch das nachfolgende Zusammenziehen (Systole) in die vom Herzen abgehenden Gefäße.

Blutgefäße Die Blutgefäße werden nach Aufbau, Aufgabe und Strömungsrichtung des Blutes unterschieden.

Schlagadern (= Arterien) stehen unter Druck. Sie befördern Blut vom Herzen weg zu den Zellen.

Haargefäße (= Kapillaren) dienen als Umladestation, d.h. in ihnen wird der Sauerstoff (O_2) abgegeben und das Kohlendioxid (CO_2) aufgenommen.

Blutadern (= Venen) transportieren Blut zum Herzen zurück. Venenklappen, die sich nur in Richtung Herzen öffnen, verhindern, dass das Blut in die falsche Richtung fließt.

Blut Das Blut hat verschiedene Aufgaben:
- Transportmittel
- Körperpolizei
- Körperverschlußmittel.

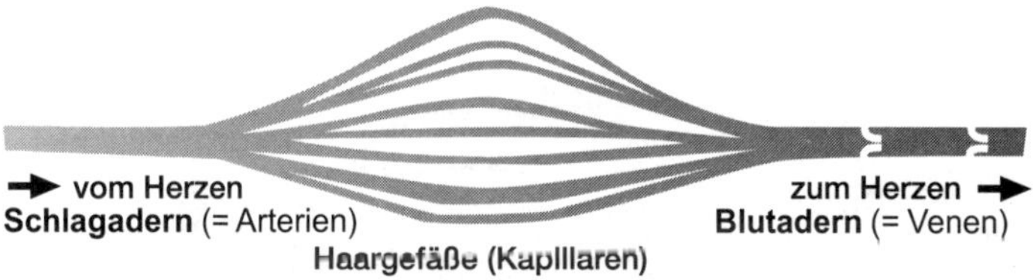

Bestandteile des Blutes:

- Rote Blutkörperchen (= Erythrozyten) können mit Hilfe des roten Blutfarbstoffes (= Hämoglobin) Sauerstoff und Kohlendioxid binden oder abgeben.
- Weiße Blutkörperchen (= Leukozyten) sind Aktivisten und Abwehrspezialisten. Sie vernichten durch Fressen die Fremdkörper und Krankheitserreger im Körper
- Blutplättchen (Thrombozyten) dienen der Blutgerinnung und führen zur Blutstillung.

Kreislaufsystem

Atmung und Blutkreislauf gehören zusammen!
Ohne Sauerstoff können die Zellen im Körper nicht arbeiten.
Das Herz muß immer tätig sein, damit das Blut ständig durch den Körper fließt und den Sauerstoff dort abliefert, wo er gebraucht wird.

Lungenkreislauf

Körperkreislauf

Man unterscheidet zwischen dem
- kleinen oder Lungenkreislauf
- großen oder Körperkreislauf

Lungenkreislauf

Lunge
Atmung = Lieferant des Sauerstoffes.

Blut:
Herz-Kreislauf =
Transporteur

Zelle:
Verbraucher

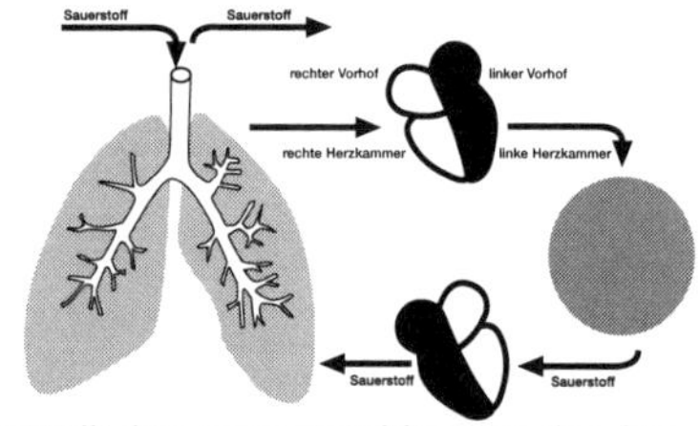

Die Zeichnung stellt den gesamten Vorgang des Austausches zwischen Sauerstoff (O_2) und Kohlendioxid (CO_2) noch einmal dar.

Zeichen der Herztätigkeit ist der Puls. Er ist abhängig von der
- Schlagkraft des Herzens
- kreisenden Blutmenge
- Elastizität der Arterien.

Die Geschwindigkeit des Herzschlages nimmt im Laufe eines Lebens ab.
Pro Minute zählt man beim

- Neugeborenen etwa	140 Schläge
- zwei Jahre alten Kind	120 Schläge
- zehn Jahre alten Kind	90 Schläge
- gesunden Erwachsenen	60 bis 80 Schläge.

Störungen

Es gibt viele Ursachen, die das Herz-Kreislauf-System stören können:
- Erkrankungen, die zu Verengungen und Verschlüssen der Gefäße führen, z.B. Infarkt und Schlaganfall
- Unfälle mit massiven Blutungen

Störungen

- Vergiftungen
- Badekollaps
- Kehlkopfkrampf
- Erschöpfungskollaps
- Sonnenstich beim Langstreckenschwimmen
- Taucherkrankheiten
- Sprung aus großer Höhe und Aufprall auf dem Wasser
- Blitzschlag.

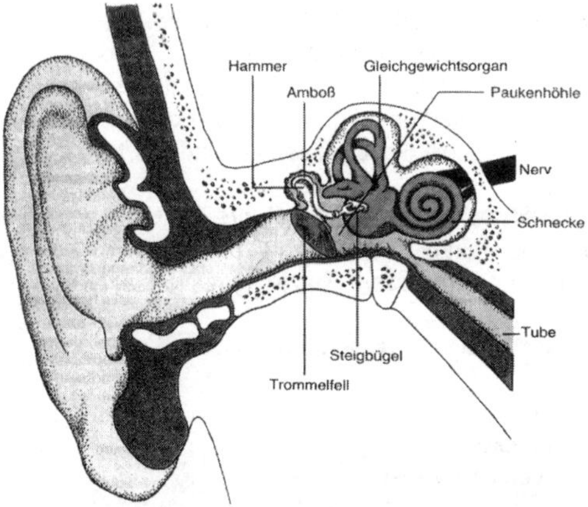

Rund um das Ohr

Hohlräume im Kopf

Im Kopf gibt es außer den sichtbaren Öffnungen (Mund, Nase, Ohren) auch noch von außen nicht zu erkennende Hohlräume: das Mittelohr (= Paukenhöhle), die Nasennebenhöhlen.

Gleichgewicht

In den Bogengängen sitzt das Gleichgewichtsorgan. Es sind drei mit Flüssigkeit gefüllte Röhren. Dreht man den Kopf, melden die Nervenzellen dem Gehirn, wohin man ihn gedreht hat.

Ohrtube Dreht man sich ganz schnell im Kreis und bleibt plötzlich stehen, bewegt sich die Flüssigkeit noch eine Zeitlang weiter. Hat das Trommelfell ein Loch, so dringt kaltes Wasser ein und reizt die Flüssigkeit in den Bogengängen. Der Taucher verliert die Orientierung, weiß nicht, wo oben und unten ist.

Das kann tödlich enden!

Darum: *Tauche nie mit beschädigtem Trommelfell!*

Trommelfell Das Mittelohr (= Paukenhöhle) beginnt hinter dem Trommelfell, einem feinen, straffen Häutchen.

Das Trommelfell hat drei Aufgaben:

1. Es schließt das Ohr nach außen luftdicht ab.
2. Es verhindert das Eindringen von Fremdkörpern.
3. Es nimmt die Schallwellen auf und leitet sie weiter.

Das Mittelohr ist durch eine Röhre, die Ohrtube oder - nach dem Entdecker benannt - die Eustach'sche-Röhre mit dem Nasen-/Rachenraum verbunden.

Druckausgleich Dieser Verbindungsgang wird durch

- Kauen
- Schlucken
- aktiven Druckausgleich geöffnet.

Die Ohrtube kann manchmal verschlossen sein, bei

- Schnupfen, Polypen, Tumor
- schnellen Fahrten im Lift (= Aufzug)
- Fahrten durch einen sehr langen Tunnel.

Man merkt das, wenn es in den Ohren drückt und zwickt. Da hilft nur der aktive Druckausgleich, damit das Trommelfell nicht gedehnt wird und dabei zerreißt, was sehr schmerzhaft und gefährlich ist (vgl. S. 18 und 129).

Druckausgleich

Zum aktiven Druckausgleich
- holt man tief Luft
- schließt den Mund
- drückt die Nasenflügel mit Daumen und Zeigefinger zusammen
- presst durch bewusst kurzes, kräftiges Ausatmen etwas Luft in die Eustach'sche Röhre

Trommelfell ist straff gespannt. Der Luftdruck ist auf beiden Seiten gleich: *Normalfall.*

Trommelfell wölbt sich nach innen. Der Luftdruck ist außen größer als innen: *Tauchen.*

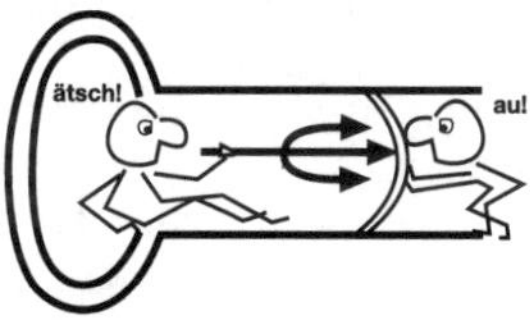

Trommelfell wölbt sich nach außen. Der Luftdruck ist innen größer als außen: *Aufwärts im Lift.*

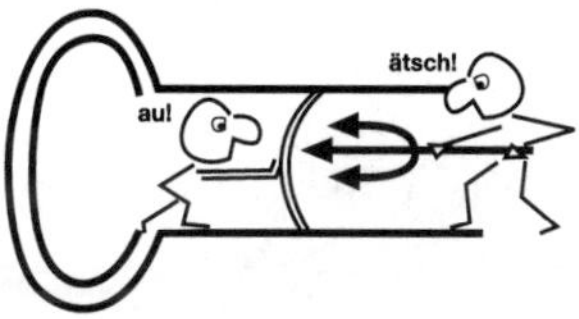

Hyperventilation

Das Wort Hyperventilation kann man so erklären: Der erste Teil, HYPER, kommt aus dem Griechischen und bedeutet ÜBER, im Sinne von übermäßig.
Der zweite Teil leitet sich aus dem lateinischen VENTILARE (= Wind erzeugen) ab. Wir kennen den Ventilator, der die Luft in einem geschlossenen Raum bewegen soll.

Hyperventilation vor dem Tauchen

Beim Menschen heißt Hyperventilation:
Bewusst übermäßiges Atmen.
Beim Hyperventilieren wird Kohlendioxid abgeatmet; dadurch ist der CO_2-Gehalt im Blut sehr niedrig. Da der Befehl zum Atmen, der Atemzwang, erst dann vom Atemzentrum gegeben wird, wenn ein entsprechend hoher Gehalt an CO_2 im Blut besteht, herrscht in der "Befehlszentrale" Atemzentrum Verwirrung:
kein Atemzwang - kein Befehl zum Auf- und Austauchen!

Der Körper verbraucht beim Streckentauchen sehr viel Energie. Der Sauerstoff ist verbraucht, bevor das CO_2 den Atemzwang meldet. Dadurch verliert der Schwimmer das Bewusstsein ...und wenn das niemand bemerkt, wacht er vielleicht nie mehr auf!

Darum ist das bewusst tiefe Ein- und Ausatmen ohne echten Luftbedarf, das Hyperventilieren, vor dem Streckentauchen zu unterlassen!

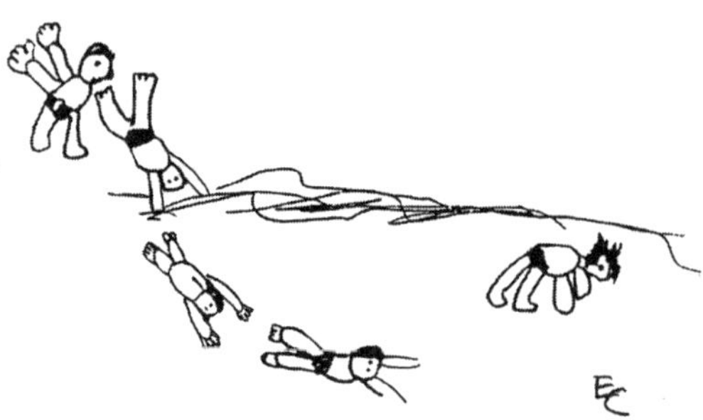

Schock

Schock beruht immer auf einem Mißverhältnis zwischen erforderlicher und tatsächlicher Blutversorgung des Körpers mit der Folge des O_2-Mangels.

Schock

Schockablauf

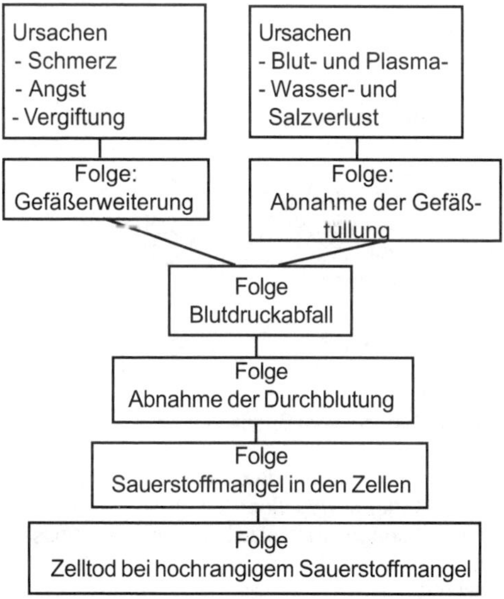

Erkennen

Sichtbare Zeichen für einen Schock:
- fahle Blässe
- kalte, feuchte Hände
- kalter Schweiß auf der Stirne
- mangelhafte Durchblutung des Nagelbettes
- Unruhe
- Frieren
- Zittern
- schneller Puls = über 100 Schläge in der Minute

Maßnahmen

NOTRUF!
- Ursache beseitigen, z.B. Blutstillung
- Betroffenen beruhigen und nie allein lassen
- Schocklage
- Pulskontrolle: Speichen- + Halsschlagader
- Kontrolle auch der übrigen Vitalfunktionen
- Wärmeerhaltung

DerTod im Wasser

Der Tod im Wasser ist zu unterscheiden in
- Badetod
- Ertrinkungstod.

Badetod

Der Badetod gleicht einem Stummfilm. Nur spielt keiner am Klavier die Hintergrundmusik dazu. Ohne Anzeichen eines äußeren Kampfs geht der betroffene Schwimmer

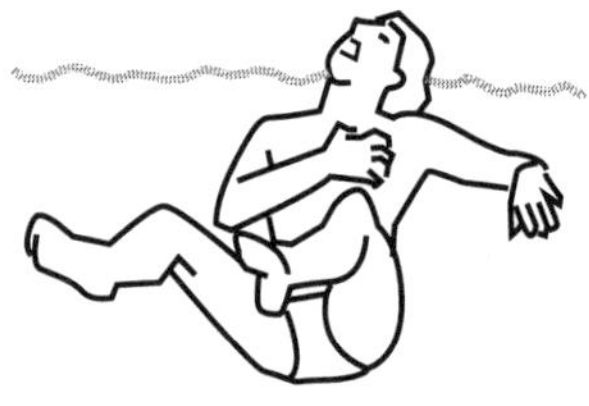

- völlig unerwartet
- lautlos
- unauffällig

unter. Man spricht vom Badekollaps.

Ursache ist ein
- Versagen des Herzens, dem Ohnmacht und Erschlaffung der Körperbewegungen folgen.

Auslöser können die Reizwirkungen des Wassers sein:
- Wasserdruck
- Wassertemperatur

Folge des Badekollapses wegen zu später Rettung ist häufig der Badetod.

Drei der zwölf Baderegeln stehen mit dem Badetod direkt in Beziehung.

Badetod

Im Wasser ist das Bewusstloswerden deshalb so gefährlich, weil der Betroffene unter die Wasseroberfläche gerät und so die Luftwege sehr schnell voll Wasser laufen. Das verhindert die Atmung und führt zu Sauerstoffmangel und Überschuß an Kohlendioxid. Folge davon: Die Gehirnzellen sterben ab.

Ertrinkungstod

Der Ertrinkungstod verläuft wie ein Actionfilm:
- laut
- rasant
- voller Dramatik.

Nur schreit keiner: “Klappe” und: “Gestorben!” wie der Regisseur am Drehort.
Wie im Actionfilm gibt es drei Akte, nur heißen sie in diesem Falle “Phasen”:

1. **Erregungsphase:**
   Der Schwimmer atmet Wasser an. Es kommt zu
   - Reizung der Schleimhäute
   - anfallsweisem Husten
   - gesteigertem Ringen nach Luft
   - Stimmritzenkrampf (Glottiskrampf)

2. **Krampfphase:**
   Im Kampf gegen das Wasser und dem Ringen nach Luft geht der Sauerstoffvorrat im Blut sehr rasch zu Ende. Das Kohlendioxid steigt sehr schnell an. Der Schwimmer
   - läuft blau im Gesicht an
   - die Augäpfel wölben sich vor
   - die Muskeln zucken krampfartig.

3. **Lähmungsphase:**
   Es folgt die restlose Erschöpfung:
   - alle Reflexe verschwinden
   - die Pupillen erweitern sich.

Die Übersättigung des Blutes mit Kohlendioxid führt zur Lähmung des Atemzentrums. Es folgt der Atemstillstand. Das Herz schlägt nur noch eine kurze Zeit.

Ertrinkungstod

Nach dem Stillstand von Atmung und Blutkreislauf tritt etwa drei bis vier Minuten später der Tod ein.
Den Grenzbereich zwischen Leben und Tod, in dem alle Lebensmerkmale so weit zurückgesetzt sind, dass man sie nicht mehr wahrnehmen kann, bezeichnet man als klinischen Tod.

Kennzeichen:
- Bewusstlosigkeit
- Atem-, Herz- und Kreislaufstillstand
- maximal weite, lichtstarre Pupillen
- blaßgraue Hautfarbe
- blasse Schleimhäute.

Beim klinischen Tod ist eine Wiederbelebung möglich, beim biologischen Tod leider nicht!

DRSA-Bronze

Das Ziel ist erreicht. Die Urkunde zum DRSA Bronze bestätigt, dass die Ausbildung zur Rettungsschwimmerin / zum Rettungsschwimmer erfolgreich abgeschlossen wurde.

1. Gehe regelmäßig zum Schwimmen!
2. Lege dir ein Trainingsprogramm fest!
3. Beginne mit einfachen Übungen und kurzen Strecken!
4. Schwimme in unterschiedlichen Techniken. Probiere nicht herum, wenn du eine Technik noch nicht gelernt hast oder nach wenigen Zügen außer Atem bist. Frage die Leute, die etwas davon verstehen! Das sind die Ausbilder/innen der Wasserwacht!
5. Übe das Abschleppen immer wieder!
6. Verhalte dich vorbildlich!
7. Beachte stets die Baderegeln!
8. **Komm zur Wasserwacht!**

Das sind wir:

Die **W A S S E R W A C H T** ist eine der v i e r Gemeinschaften des BRK, neben

- Bereitschaften
- Bergwacht
- Jugendrotkreuz

Hauptaufgaben der WW:

- Bekämpfung des Ertrinkungstodes und
- Durchführung der damit verbundenen vorbeugenden Maßnahmen

** Für alle Menschen bietet die WW Kurse im Schwimmen und Rettungsschwimmen an!

Wer 18 Jahre alt ist und das DRSA Silber besitzt, kann werden:

- Bootsführer
- Taucher
- Ausbilder im Schwimmen
- Ausbilder im Rettungsschwimmen
- Naturschützer

Wie in jedem Land gibt es auch im BRK eine "Regierung", die dafür sorgen soll, dass die Aufgaben unter den besten Voraussetzungen erfüllt werden.

Die Gliederung der BRK-WW veranschaulicht man mit einer Pyramide

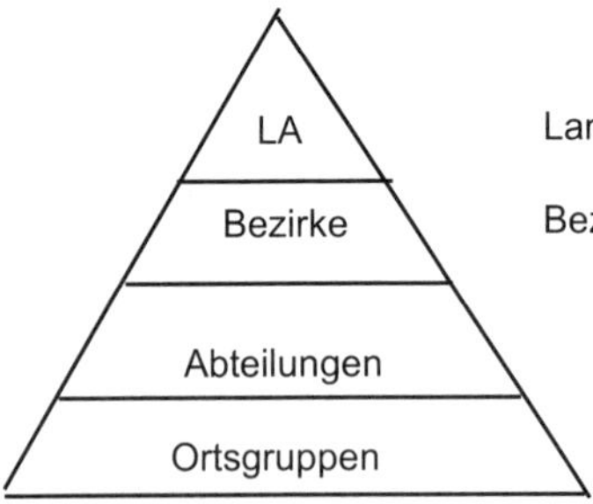

Landesausschuß ≙ Bundesland
Bezirksausschuß ≙ Regierungsbezirke
Abteilung ≙ Landkreise
Ortsgruppen ≙ Gemeinde/Stadt

Wichtige Ehrenämter:

Abteilungsleiter/in
stv. Abteilungsleiter/in
Technischer Leiter/in (= TL)
stv. TL
Jugendwart/in
Arzt/Ärztin

Ortsgruppenleiter/in
stv. Ortsgruppenleiter/in
Technischer Leiter/in (= TL)
stv. TL
Jugendwart/in u. Gruppenleiter/in
Arzt/Ärztin
Kasierer/in

ALTGASSEN, Cilly
Manche mögen 's naß!
Arbeitshefte in der Reihe
"Schwimmen - Schnorcheln - Retten"
1. Großer Spaß für kleine Taucher, Bamberg, 1993
2. Gegner? Feind? Partner? Freund?
Die BRK-Wasserwacht von A bis Z Bamberg, 1994
3. Im Wasser Spiel und Spaß
Spielerische Aufgaben und lustige Wettbewerbe
für Anfänger, Fortgeschrittene und Könner Bamberg, 1995
4. Was tun, wenn Gefahr vom Wasser droht? Bamberg, 1995
Baywatch in Bayern Bamberg, 1995
Aus der Trickkiste des Anfangsschwimmens Bamberg, 1983
Anfangsschwimmen in der Grundschule
In: Pädagogische Welt, Hefte 4 und 5 Donauwörth, 1984
Fragenkatalog R Nürnbg/Bambg, 1984
Fragenkatalog S Nürnbg/Bambg, 1985
Kleine Fibel zum Schnorchelabzeichen -
Handreichung für Ausbilder Nürnbg/Bambg, 1988
ALTGASSEN, Cilly / HOH, Helmut:
Begleittext zum Schwimmen I
Sportzentrum der Universität Bamberg, 1980

BRK / DRK
Leitfaden Rettungsschwimmen Bonn, 1989
Wiederbelebung - Leitfaden München, 1996
AV/PV Schwimmen und Rettungsschwimmen, München, 1994
Lehrbuch Rettungsschwimmen
13. verb. Auflage München, 1993
Fibel Schwimmen und Retten
mit der Wasserwacht Bonn, 1993
ERSTE HILFE Bonn, 1995
SANITÄTSDIENST Bonn, o.A.
Taucher im Rettungsdienst (Cl. Weilner) München, 1994
GORGASS / AHNEFELD:
Der Rettungssanitäter Berlin, o.J.
American Red Cross:
Lifesaving - Rescue and Water Safety Washington, D.C. 1982

BESTELLUNG

Ich bestelle hiermit

☐ Ex. Schwimmabzeichen V1.0 EINZELPLATZ á 20.- DM

☐ Ex. Schwimmabzeichen V1.0 SCHULVERSION á 150.- DM

☐ Ex. WW - SAN V1.0 Windows 3.x u. höher á 30.- DM

☐ Ex. WW - SAN V1.0 Windows 95 und NT á 30.- DM

Pro Bestellung werden mir noch 5.- DM für Versand und Verpackung berechnet. Preise inkl. 15% MwSt.

Organisation

Besteller

Straße

Telefonnummer Telefaxnummer

Per Post an:

BRK Präsidium
Referat Wasserwacht
Holbeinstraße 11
81679 München

Unterschrift

Per Fax an:
(089) 9241-362